녹현역
입문부터 완성까지

녹현역 입문부터 완성까지

발행일	2017년 5월 24일

지은이	이 세 진		
펴낸이	손 형 국		
펴낸곳	(주)북랩		
편집인	선일영	편집	이종무, 권혁신, 송재병, 최예은
디자인	이현수, 이정아, 김민하, 한수희	제작	박기성, 황동현, 구성우
마케팅	김회란, 박진관		
출판등록	2004. 12. 1(제2012-000051호)		
주소	서울시 금천구 가산디지털 1로 168, 우림라이온스밸리 B동 B113, 114호		
홈페이지	www.book.co.kr		
전화번호	(02)2026-5777	팩스	(02)2026-5747

ISBN	979-11-5987-570-0 03180(종이책)	979-11-5987-571-7 05180(전자책)

이 도서의 국립중앙도서관 출판예정도서목록(CIP)은 서지정보유통지원시스템 홈페이지(http://seoji.nl.go.kr)와
국가자료공동목록시스템(http://www.nl.go.kr/kolisnet)에서 이용하실 수 있습니다.
(CIP제어번호 : CIP2017011871)

누가 사주를 풀이하더라도 같은 결과가 나오는 신기한 녹현방정식 해설서

녹현역
입문부터 완성까지

이세진 지음

북랩 book Lab

서문

    시중에 나돌고 있는 기존의 일반역의 이론과는 전혀 다른 녹현역의 이론이 세상에 나온 지 20년이 됩니다. 그동안 녹현역의 이론을 다룬 서적을 대여섯 권 출판했습니다만, 시간이 지나면서 서점에서 찾아보기 힘들어졌습니다.

    두루뭉술한 기존 이론들과는 다릅니다. 역학이론을 수치화·공식화·과학화하여 하나의 결론이 나오도록 하였습니다. 그래서 운명 추론은 물론 의식(생각)·무의식(행동)·꿈 성향 등 심리분석까지 할 수 있습니다.

    녹현역의 출발은 사람이 태어날 때 타고나는 우주에너지(연월일시)의 비율입니다. 그리고 20년간 검증한 결과까지도 이 서적 한 권에 모두 담았습니다. 이 서적 한 권이면 녹현역의 입문부터 완성, 나아가 응용까지 가능합니다.

2017. 5.

녹현 이세진

목차

3장. 녹현역 초급

4장. 녹현역 중급

5장. 녹현역 완성

6장. 녹현역 실전 및 응용

1장

기초 입문

○ 우주에너지

　우주에너지란 수많은 별을 탄생시키고 성장시킨 다음, 노쇠시키고 그러다가 사라지게 하는 에너지를 말함이다. 별을 탄생시키는 포근한 기운이 있는가 하면, 별을 성장시키는 뜨거운 기운도 있고, 별을 노쇠시키는 싸늘한 기운이 있는가 하면, 별을 사라지게 하는 차가운 기운도 있다. 그리고 별이 있지 않으면 사람도 존재할 수 없다. 사람 역시 별처럼 우주에너지에 의해 태어나 성장하고 늙고 병들어 사라진다. 따라서 사람의 삶 모든 과정에 간여하고 있는 것이 우주에너지다. 흔히 오행(五行)이라 불리는 기운으로 목성(木性), 화성(火性), 토성(土性), 금성(金性), 수성(水性)의 에너지가 그것이다. 우주는 다섯 가지 에너지에 의해 움직이고 있다.

○ 음양(陰陽)

양(陽)이란 기운은 생명체(별, 인간 등)를 탄생시키고 성장시키고, 음(陰)이란 기운은 생명체(별, 인간 등)를 노쇠시키고 사라지게 한다. 생명체를 존재하게 해주는 오행은 양기인 목성(木性)과 화성(火性)이며, 생명체를 사라지게 하는 오행은 금성(金性)과 수성(水性)이다. 그리고 음기와 양기 사이에 중성인 토성(土性)이 존재한다. 만약 음양의 조화가 이뤄지지 않으면 우주에 커다란 변화가 생기고, 그 파장은 결국 사람에게까지 미쳐 생존에 악영향을 미칠 것이다.

그러나 음양이 사람에게 미치는 실질적인 영향은 보편타당한 사고력을 지녔는지 알아보는 잣대이다. 세상엔 선과 악이 공존하고 주관적인 시각과 객관적인 시각이 공존한다. 현대처럼 복잡하고 다양한 시대에 부분만 알고 살아가기에는 분명 어려운 것이 사실이다. 그렇기에 전문가는 아닐지라도 다방면으로 알고 있어야 현명하게 살 수 있을 것이다. 그러려면 음(한쪽의 세상=생각)과 양(다른 한쪽의 세상=생각)의 조화가 이루어져야 변화무쌍한 현대 사회구조에 잘 적응할 수 있다. 그러나 음양의 조화가 이루어지지 않으면 원만한 사회생활을 할 순 없지만, 대신에 순수한 부분에서만큼은 음양의 조화가 이뤄진 사람보다는 뛰어난 편이다.

◯ 오행(五行)

우주에너지로 별들이 태어나 성장하고 쇠퇴하다가 사라지게 하는 다섯 가지 기운이다. 흔히 오행(五行)이라 불리는 기운으로 목성(木性), 화성(火性), 토성(土性), 금성(金性), 수성(水性)의 에너지가 그것이다. 각각의 기운들이 어떤 성향을 지녔는지 알아보자.

목성(木性)

목성은 '무(無)에서 유(有)를 창조하는 우주에너지'로, 아무것도 보이지 않는 깜깜한 우주 공간에 생명체(별)가 나타나기 시작하는 기운이다. 블랙홀이 모든 것을 사라지게 한다면, 그것과는 반대로 모든 것을 생성해내는, 소위 화이트홀의 역할을 하는 것이 바로 목성의 기운이다. 사람의 눈으로 확인할 수는 없지만, 우주의 수많은 가스의 융합과 폭발에 의해 별들이 탄생하는 모습이다. 별(생명체)을 탄생시키는 기운은 마치 어머니가 자식을 낳아 키우듯 모든 것을 포용하는 성질을 지녀야 한다. 그래서 포근하거나 따뜻한 기운인 것이다.

목성은 천간 갑(甲)과 을(乙), 지지는 인(寅)과 묘(卯)이다. 기운은 따뜻해서 봄을 대표했고, 새싹들이 자라기에 흔히 나무(木)로 비유했다. 색깔은 푸르름의 상징인 청색(靑色), 방향은 해 뜨는 동쪽을 지칭한다. 오장육부로는 간장(肝臟)과 담(膽) 그리고 신경계를 의미했으며, 맛으로는 신맛과 숫자는 3과 8을, 심성적으로는 어질다는 뜻으로 인(仁)을 대표한다.

화성(火性)

생명체(별)를 탄생시키는 역할을 목성의 기운이 했다면, 화성의 기운은 생명체를 성장시키는 에너지이다. 그러자면 따스하고 포근한 기운만 가지고는 생명체의 성장을 촉진시킬 수는 없다. 그래서 생명체를 활발히 활동할 수 있게 폭발적이고 뜨거운 기운이 필요한 것이다. 그 기운이 바로 우주 화성의 기운이다.

화성은 천간 병(丙)과 정(丁), 지지는 사(巳)와 오(午)이다. 기운은 뜨거운지라 여름(夏)을 대표한다. 색깔로는 열정적인 색인 적색(赤色)으로 비유했으며, 방향은 더운 곳인 남쪽을 지칭했다. 사람의 몸에 대입하면 뜨거운 심장(心臟)과 소장(小腸) 그리고 순환계를 뜻하며, 마음에 대입하면 분노와 격정을 의미했다. 맛은 쓴맛이며, 숫자는 2와 7을, 심성적으로는 예의가 바르다는 뜻으로 예(禮)로 표시한다.

토성(土性)

목성과 화성의 역할이 생명체(별)를 탄생시키고 성장시키는 기운이라면, 성장과 활동을 멈추게 하는 역할은 바로 이 토성의 기운이 한다. 뜨거움이 극에 달하면 점차적으로 식어가듯이, 화성의 끝자락에서 토성의 기운은 탄생한다. 그래서 토성은 양기(陽氣=목성, 화성)도 아니고, 음기(陰氣=금성, 수성)도 아닌, 중성(中性)의 기운을 지녔다고 한다.

토성 천간은 무(戊)와 기(己), 지지는 진(辰)과 술(戌) 그리고 축(丑)과 미(未)로 오행 각각의 기운을 포함하고 있어 만물의 어머니인 흙(土)에 비유한다. 색깔은 모든 것을 포용하는 황색(黃色)과 방향 역시 중앙을 의미한다. 오장육부로는 소화기 계통인 비장(脾臟)과 위장(胃腸) 그리고 근육계를 뜻한다. 맛으로는 단맛과 숫자는 5와 0을 의미하고, 심성적으로는 믿음직하다는 의미에서 신(信)으로 표시한다.

금성(金姓)

금성의 기운은 성장이 멈춘 생명체(별)를 노쇠시키는 에너지이다. 생명체(별)를 늙고 병들게 하는 기운으로, 그러한 과정에 힘없고 작고 약한 별들은 사라지기도 한다. 생명체를 노쇠시키는 기운은 과연 어떤 기운일까? 만약 차가운(cold) 기운이라면 모든 별이 일시에 분해되어 사라질 것이라 당연히 차가운 기운은 아닐 것이다. 차가

운 기운보다는 덜 차가우면서 숙연한 분위기를 풍기는 서늘한(cool) 기운이어야만, 생명체(별)를 늙고 병들게 할 수 있다.

금성 천간은 경(庚)과 신(辛), 지지는 신(申)과 유(酉)이다. 기운은 서늘한지라 가을(秋)을 의미하고, 가을은 수확의 계절로 온갖 식물과 나무를 베어버림으로써 단단함과 응축된 바위나 금속물질로 표시한다. 색깔로는 하얗다는 의미로 백색(白色), 방향은 해가 지는 서쪽을 뜻한다. 오장육부로 본다면 폐(肺)와 대장(大腸)을 그리고 뼈 조직계를 뜻한다. 맛으로는 매운맛, 숫자로는 4와 9를 의미한다. 심성적으로는 옳고 그른 것을 잘 가린다는 뜻에서 의(義)라고 일컫는다.

수성(水性)

목성의 기운이 무(無)에서 유(有)를 창조하는 것이라면, 수성의 기운은 유(有)에서 무(無)로 돌아가게 만드는 에너지다. 태초의 그곳으로 모든 생명체를 되돌리는 역할을 수성이 한다. 태초의 그곳이란 아득하고 까마득할 정도로 어둡고, 아무것도 볼 수 없으며 만져지지도 않는, 암흑의 시기이다. 과연, 모든 생명체를 사라져 버리거나 분해시킬 수 있는 기운은 도대체 어떤 기운일까? 아주 차갑고 춥고 어둡고 냉정한 기운이어야 한다. 그래야만 일시에 모든 것을 사라지게 할 수 있으니 말이다.

수성 천간은 임(壬)과 계(癸), 지지는 해(亥)와 자(子)이다. 기운은 차가운지라 겨울(冬)을 뜻했으며, 차가움의 대표적인 것으로 물을 의미한다. 색깔로는 어둠의 상징인 흑색(黑色), 방향으로는 추운 곳인 북쪽을 뜻한다. 오장육부로는 신장(腎臟)과 방광(膀胱) 그리고 혈액 계를 의미한다. 맛으로는 짠맛과 숫자로는 1과 6을 나타낸다. 심성적으로는 모든 것을 수용할 수 있다고 의미에서 지혜롭다는 지(智)를 표시한다.

이처럼 우주에서는 다섯 가지 기운에 의해 헤아릴 수 없는 무수한 생명체(별)들이 태어나 자라고 늙고 소멸되는 과정을 되풀이한다. 무한 수의 별들이 우주오행 기운에 의해 조종되는데, 별(지구) 안에 존재하는 사람들도 결국 우주오행 기운에 의해 조종된다. 별이 탄생할 수 있게 만드는 따뜻한 기운, 별이 성장할 수 있게 만드는 뜨거운 기운, 별을 늙게 만드는 서늘한 기운, 별을 사라져 버리게 만드는 차가운 기운들의 상호작용에 의해 사람도 태어나 성장하고 늙고 사라지는 것이다.

⭕ 12지지(十二地支)와 10천간(十天干)

오행은 천간과 지지로 나뉘는데, 천간은 10개, 지지는 12개로 분류된다. 그래서 천간은 십간(十干)으로 갑을병정무기경신임계(甲乙丙丁戊己庚辛壬癸)이며, 지지는 십이지(十二支)로 자축인묘진사오미신유술해(子丑寅卯辰巳午未申酉戌亥)이다. 십간과 십이지 하나하나마다의 특성을 알아보자.

천간

甲 : 양기 중의 양이며 목성이다. 천간에서 맨 처음 1번 타자로 올라있는 것은 생명체를 탄생시키기 위함이다. 땅속의 씨앗이 단단한 껍질을 뚫고 땅에 뿌리는 내리는 모양새다.

乙 : 양기 중의 음이며 목성이다. 천간에서 2번 타자에 올라있는 것은 생명체들의 활동을 뜻해서다. 흙 속에 뿌리를 내린 씨앗이 땅 위로 줄기를 뻗는 모양새다.

丙 : 양기 중의 양이며 화성이다. 천간에서 3번 타자로 올라와 있는 것은 생명체에게 가장 왕성한 활동을 하라는 의미에서 가장 뜨거운 기운을 뿜고 있는 모양새다.

丁 : 양기 중의 음이며 화성이다. 천간에서 4번 타자에 위치해 있
는 것은 성장된 생명체들이 더욱 성숙되는 과정을 의미하는
모양새다.

戊 : 중성 중의 양이며 토성이다. 천간에서 5번 타자에 있는 것
은 성숙한 생명체들의 기운을 서서히 약화시키기 위한 과정
을 밟으려는 모양새다.

己 : 중성 중의 음이며 토성이다. 천간에서 6번 타자에 올라있는
것은 약화된 생명체들의 기운을 더욱더 빼내려는 움직임을
나타내는 모양새다.

庚 : 음기 중의 양이며 금성이다. 천간에서 7번 타자에 있는 것은
노쇠한 생명체들 중에서도 강약을 선별하기 위한 작업을 하
는 모양새다.

辛 : 음기 중의 음이며 금성이다. 천간에서 8번 타자에 위치해 있
는 것은 선별된 생명체들을 움직이지 못하도록 꽁꽁 묶어버
리는 모양새다.

壬 : 음기 중의 양이며 수성이다. 천간에서 9번 타자에 위치해 있
는 것은 꽁꽁 묶은 생명체들을 완전히 사라지게 하는 역할
을 하는 모양새다.

癸 : 음기 중의 음이며 수성이다. 천간에서 맨 마지막인 10번 타자
에 위치한 것은 생명체를 탄생시키는 1번 타자인 甲에게 연결
해주기 위해 아무도 모르게 생명체를 잉태하는 모양새다.

지지

子 : 음기 중의 양이며 수성이다. 지지에서 맨 처음인 1번 타자로 위치한다. 그것은 생명체를 사라지게 하는 역할도 하지만, 새로운 생명체를 잉태하려는 역할도 하기 때문이다. 달로는 11월이다. 또한, 子에서 양이 시작된다는 이론도 있으며, 하루의 시작이 子시(밤 11시~새벽 1시)부터인 것도 같은 이유에서다.

丑 : 음기 중의 음이며 토성이다. 지지에서 2번 타자에 위치해 있는 것은 생명체가 탄생하기 전의 과정이기 때문이다. 달로는 12월이다. 하루의 시간으로는 새벽 1시부터 새벽 3시를 의미한다.

寅 : 양기 중의 양이며 목성이다. 지지에서 3번 타자에 올라있는 것은 생명체를 탄생시키기 위해서다. 달로는 1월이다. 하루로는 새벽 3시부터 새벽 5시까지를 의미한다.

卯 : 양기 중의 음이며 목성이다. 지지에서 4번 타자에 있는 것은 갓 태어난 생명체들이 서서히 자라는 모양새를 띠우기 위해서다. 달로는 2월이다. 하루로는 새벽 5시부터 아침 7시까지를 나타낸다.

辰 : 양기 중의 양이며 토성이다. 지지에서 5번 타자에 있는 것은 어린 생명체들이 좀 더 자랄 수 있도록 만들기 위해서다. 달로는 3월이다. 하루로는 아침 7시부터 아침 9시까지를 표시한다.

巳 : 양기 중의 음이며 화성이다. 지지에서 6번 타자에 위치한 것은 막 성장한 생명체들이 성숙되어질 수 있도록 하기 위해서다. 달로는 4월이다. 하루로는 아침 9시부터 오전 11시를 의미한다.

午 : 양기 중의 양이며 화성이다. 지지에서 7번 타자에 올라있는 것은 완전히 성숙되어진 생명체들의 기운을 아무도 모르게 약화시키는 모양새다. 달로는 5월이다. 그래서 午에서 음이 시작한다고 하며, 하루 중에는 오전 11시부터 해가 기우는 낮 1시를 가리키고 있다.

未 : 양기 중의 음이며 토성이다. 지지에서 8번 타자에 위치한 것은 조금 약화된 생명체들을 좀 더 활동량을 줄이는 모양새다. 달로는 6월이다. 하루 중에는 오후 1시부터 오후 3시를 나타낸다.

申 : 음기 중의 양이며 금성이다. 지지에서 9번 타자에 있는 것은 활동량이 떨어진 생명체들을 늙고 병들게 하는 모양새다. 달로는 7월이다. 하루 중에서는 해가 기우는 오후 3시부터 오후 5시를 의미한다.

酉 : 음기 중의 음이며 금성이다. 지지에서 10번 타자에 위치한 것은 늙고 병든 생명체들을 선별해서 제거하는 모양새다. 달로는 8월이다. 하루로는 해가 지는 오후 5시부터 저녁 7시를 뜻하고 동물로는 닭을 나타내고 방향으로는 정서를 가리킨다.

戌 : 음기 중의 양이며 토성이다. 지지에서 11번 타자에 위치한 것은 생명체들이 흔적도 없이 사라지게 만드는 초입단계라 할 수 있다. 달로는 9월이다. 하루로는 저녁 7시부터 밤 9시를 나타낸다.

亥 : 음기 중의 음이며 수성이다. 지지에서 맨 마지막인 12번 타자인 것은 모든 생명체를 완전히 사라지게 만드는 마지막 단계이기 때문이다. 달로는 10월이다. 하루로는 밤 9시부터 밤 11시까지를 의미한다.

⭕ 육십갑자(六十甲子)

육십갑자란 10천간과 12지지가 순차적으로 맞추는 과정에서 탄생한 말이다. 천간의 처음인 甲과 지지의 처음인 子부터 짝을 맞추어, 천간의 마지막인 癸하고 지지의 마지막인 亥가 짝을 이룰 때까지 돌아가다 보면 천간은 6번, 지지는 5번을 돌아야 한다. 이러한 과정에서 甲子, 乙丑, 丙寅부터 시작하여 辛酉, 壬戌, 癸亥까지 총 60개의 간지가 탄생한다. 이를 육십갑자라 한다.

육십갑자 도표

甲子	乙丑	丙寅	丁卯	戊辰	己巳	庚午	辛未	壬申	癸酉
甲戌	乙亥	丙子	丁丑	戊寅	己卯	庚辰	辛巳	壬午	癸未
甲申	乙酉	丙戌	丁亥	戊子	己丑	庚寅	辛卯	壬辰	癸巳
甲午	乙未	丙申	丁酉	戊戌	己亥	庚子	辛丑	壬寅	癸卯
甲辰	乙巳	丙午	丁未	戊申	己酉	庚戌	辛亥	壬子	癸丑
甲寅	乙卯	丙辰	丁巳	戊午	己未	庚申	辛酉	壬戌	癸亥

○ 오행생극(五行生剋)

앞서 설명한 오행(목, 화, 토, 금, 수)들이 서로 생하고 극하는 과정이다. 오행끼리의 생극 과정을 거쳐야만 우주에서 별이 탄생할 수 있다. 별이 탄생해야만 사람도 존재할 수 있다. 생(生)은 '돕는다'는 뜻이고, 극(剋)은 '이긴다'는 뜻이다. 어느 오행끼리는 서로 사이좋게 지내고, 어느 오행끼리는 서로 이기려고 다툰다는 의미이다.

생하는 오행으로는 목생화, 화생토, 토생금, 금생수, 수생목이 있고, 극하는 오행으로는 목극토, 토극수, 수극화, 화극금, 금극목이 있다. 우주의 진리는 일방적인 생이지 서로 상생한다고 하지 않는다. 이유로는 목성(따뜻한 기운)이 왕성해지면 자연스럽게 화성(뜨거운 기운) 쪽으로 옮겨가며, 목성의 기운은 사라지기 때문이다.

그러나 지구에서는 상생(相生)이라 한다. 서로 돕는다는 뜻이다. 이유로는 목성은 화성의 부모가 되며, 화성은 목성의 자식이 된다. 그래서 자식이 어릴 때는 부모의 보호를 받지만, 자식이 성장해 어른이 되면 부모는 늙고 병약해지므로 자식의 보호를 받아야 한다. 따라서 화성인 자식이 목성인 부모를 돕는다는 뜻으로 상생이라 한 것이다.

우주에서는 극도 일방적인 극이지 상극이라 하지 않는다. 이유로는 금성(서늘한 기운)은 무조건 목성(포근한 기운)을 이기기 때문이다. 그러나 지구에서는 상극(相剋)이라 한다. 서로 이길 수 있다는 뜻이다. 금성은 늘 목성을 이기지만, 만약 목성이 강하면 금성을 이길 수 있기 때문이다. 즉, 나무(목성)가 강하거나 많게 되면 돌(금성)을 뚫을 수 있기 때문이다.

목생화(木生火)

이해하기 쉽도록 물상론으로 설명하겠다. 예전 프랑스령의 무인도가 있었는데 그곳에는 몇백 년간 아무도 살지 않았기에 나무가 무척 무성했다 한다. 그런데 어느 날 자연스럽게 불이 나서 7년 동안 나무를 태웠다고 한다. 원시인들도 불씨를 만들 때 마른 나무를 마찰시켜 불을 붙인 것은 누구나 다 아는 사실이다. 그렇다. 나무에서 불의 인자가 생기는 것으로 당연하다. 자연발생적으로 아프리카에서는 일 년에 한, 두 번의 산불이 난다는 것도 뉴스를 통해 접할 수 있다. 이것이 목생화가 되는 간단한 이치이다. 그러나 진정한 의미의 목생화란 이와 같지 않다. 목성의 기운은 포근한데 점차적으로 많아지거나 왕성해지면, 뜨거운 기운인 화성 쪽으로 진행됨을 일컫는다. 우주에서의 목생화란 우주의 팽창을 알리는 변화이다.

화생토(火生土)

나무에 불이 붙었다면 훨훨 탈 것이다. 타고난 자리에는 어김없이 잿더미가 남는다. 잿더미는 흙이 되는 것이다. 더구나 불이 났을 때 물로만 불을 끄는 것이 아니라, 흙으로도 불을 끌 수 있으므로 토성은 화성의 뜨거움을 능히 식힐 수 있다. 그래서 화생토라한 것이다. 그러나 진정한 의미의 화생토란 이와 같지 않다. 우주에서의 화성의 기운은 뜨거운 것임은 틀림이 없다. 뜨겁다는 것은양기의 기운이 가득 차 있음을 의미하고, 곧 음기로의 전환이 이뤄져야 한다. 그러나 양기가 가득한 상태에서 곧바로 음기로의 전환이 이뤄지면 엄청난 혼란이 발생한다. 이럴 때 중성의 기운인 토성의 역할이 필요하다. 중성인 토성은 화성의 열기를 식혀 음기의 시작인 금성에게 넘겨주는 역할을 하는 것이다. 우주에서의 화생토란 우주의 팽창을 멈추는 변화이다.

토생금(土生金)

지구의 현상으로 본다면 흙(토성)이 자꾸만 쌓여 굳어지고, 그것이 단단해지면 강한 화석(금성=돌)이 된다. 이러한 현상을 지구의 단층에서 발견된다. 물고기나 나뭇잎의 화석 등이 그것이다. 이것이바로 토성이 금성을 생하는 것이라 할 수 있다. 그러나 진정한 의미의 토생금이란 이와 같지 않다. 강력한 화성의 기운인 뜨거운 열기를 얼마만큼 누그러뜨린 다음, 음기의 시작인 금성으로의 전환 역할을 토성이 하고 있다. 즉, 양기의 끝에 중성인 토성이 위치해 음기의 시작을 알리는 금성을 도와주는 역할이다. 우주에서의 토생금이란 우주 수축의 시작을 알리는 변화이다.

금생수(金生水)

지구의 자연현상에 빗대면, 가을(금성)이 시작되면 곧 겨울(수성)이 다가올 수 있음을 느끼게 하는 것이다. 다른 예로는 물은 맑고 차가워야만 되는 것인데, 어느 물체를 통과한 물보다는 돌을 통과한 물이 가장 맑고 차갑다는 의미에서 금성은 수성을 생한다고 한다. 또한 커다란 강물도 원천을 찾아 올라가면 조그마한 돌 틈에서부터 한 방울, 두 방울씩 물방울이 떨어진다고 한다. 그러나 진정한 의미의 금생수란 이와 같지 않다. 금성의 기운인 서늘한 기운들이 왕성해지거나 많아지면 차가운 기운인 수성으로의 전환이 이뤄짐을 의미한다. 우주에서의 금생수란 우주 수축의 끝을 알리는 변화이다.

수생목(水生木)

지구의 자연현상에서는 많이 발견할 수 있다. 나무(목성)들이 자라기 위해서는 반드시 물(수성)이 필요한 것은 말할 필요도 없다. 또한 모든 생명체(목성)들이 물(수성)이 없이는 존재할 수 없으므로 수성은 목성을 생한다는 데에는 이론의 여지가 없다. 그러나 진정한 의미의 수생목이란 이와 같지 않다. 우주에서의 수성의 기운은 차가운 것임은 틀림이 없다. 차갑다는 것은 음기의 기운이 가득 차 있음을 의미하고, 곧 양기로의 전환이 이뤄져야 한다. 앞서 양기에서 음기로의 전환은 중성의 기운인 토성의 도움이 필요했으나, 음기에서 양기로의 전환은 필요치가 않다. 왜냐하면 생명체가 탄생하는 모습이기에 매우 신중하고 조용하게 이뤄지기 때문이다. 우주에서의 수생목이란 우주 팽창의 시작을 알리는 변화이다.

수극화(水剋火)

누구나 물로서 불을 끌 수 있음은 안다. 그래서 수성은 화성을 이긴다고 한다. 그러나 우주에서의 수극화는 이처럼 간단하지는 않다. 화성은 생명체를 튼튼하게 성장시켜 자랄 수 있게 하는 역할인 데 비해, 수성은 생명체를 꼼짝 못 하게 하면서 완전히 사라지게 하는, 즉 분해해 버리는 역할을 한다. 그래서 화성의 기운은 열정적이고 화끈하고 정열적인데, 수성의 기운은 침착하고 신중하며 냉정하다. 그 둘이 맞붙는다면, 차분하고 냉정한 수성의 기운이 정열적이고 화끈한 화성의 기운을 억누를 수밖에 없다. 그래서 우주에서의 화성은 한 줌의 수성을 두려워한다.

화극금(火剋金)

알기 쉽게 불로 돌을 태우거나 쇠를 녹인다. 그래서 화성은 금성을
이긴다고 하는 것이다. 그러나 우주에서의 화극금이란 이처럼 간단
하지는 않다. 금성은 성숙하고 건강한 생명체를 늙고 병들게 하는
역할인 데 비해, 화성은 생명체에게 폭발적으로 성장할 수 있는 에너
지를 공급하는 역할을 한다. 그 둘이 만나면 금성은 화성으로 인해
자신이 해야 할 역할을 할 수 없게 된다. 금성은 생명체를 늙고 병들
게 해야 하는데, 화성으로 인해 생명체에게 다시 힘을 주니 말이다.
그래서 우주에서의 금성은 한 줌의 화성을 두려워한다.

금극목(金剋木)

돌이나 쇠는 나무를 자라지 못하게 하거나 부러뜨린다. 그래서
금성은 목성을 이긴다고 하는 것이다. 그러나 우주에서의 금극목
이란 이처럼 간단하지는 않다. 목성은 갓 태어난 생명체를 포근하
게 감싸주는 역할인 데 비해, 금성은 건강한 생명체를 늙고 병들
게 하는 역할이다. 그래서 그 둘이 만나면 목성은 갓 태어난 생명
체를 지켜줄 수 없다. 금성은 엄숙하고 공정하게 생명체의 에너지
를 빼앗아가기 때문이다. 그래서 우주에서의 목성은 한 줌의 금성
을 두려워한다.

토극수(土剋水)

흙, 뚝, 산은 물을 막거나 물길을 돌릴 수 있다. 그래서 토성은 수성을 이긴다고 하는 것이다. 그러나 우주에서의 토극수란 이처럼 간단하지는 않다. 수성은 생명체를 완전히 사라지게 하지만, 거기서 끝나는 것이 아니라 또 다른 생명체를 잉태하는 역할이다. 그러나 토성은 중성이지만, 실은 음기에 가깝다 할 수 있다. 생명체의 힘을 누그러뜨리는 역할이기 때문이다. 토성의 입장에서는 수성의 마지막 역할이 마음에 들지 않는다. 생명체를 잉태시키기 때문이다. 그래서 생명체의 기운을 빼내는 토성은 생명체를 잉태시키는 수성이 미울 뿐이다. 그래서 우주에서의 수성은 한 줌의 토성을 두려워한다.

목극토(木剋土)

나무는 흙의 양분을 빼앗아가거나, 나무의 뿌리가 흙을 갈라지게 한다. 그래서 목성은 토성을 이긴다고 하는 것이다. 그러나 우주에서의 목극토란 이처럼 간단하지는 않다. 토성은 생명체의 기운을 빼가는 역할인 데 비해, 목성은 생명체를 탄생시키는 역할이다. 목성의 입장에서는 자신이 낳고 기른 생명체의 기운을 빼가는 토성이 미울 뿐이다. 따라서 토성으로서는 생명체를 탄생시키는 목성이 싫은 것이다. 그래서 우주에서의 토성은 한 줌의 목성을 두려워한다.

⭕ 사주팔자(四柱八字)

사주팔자란 말 그대로 네 기둥(四主)과 여덟 글자(八字)를 뜻한다. 12지지(자축인묘진사오미신유술해)와 10천간(갑을병정무기경신임계)이 자신의 생일인 연월일시 각 기둥마다 배열된다. 예를 들어 태어난 띠는 소띠고, 태어난 달은 말달이고, 태어난 날은 닭날이고, 태어난 시간은 돼지시라고 하는 것이 바로 사주팔자인 것이다. 그래서 운명을 살피려면 우선적으로 자신의 연월일시의 천간과 지지를 알아야 한다. 그러자면 태어난 년의 달력을 살펴야 한다. 그것은 만세력이라는 책자에서 찾을 수 있다.

시주	일주	월주	년주
시간	일간	월간	년간
시지	일지	월지	년지

태어난 나이가 띠이며 연주다. 1980년생은 경신(庚申)년, 1965년생은 을사(乙巳)년이라 한다. 요즘은 인터넷 만세력이 상용되어 해(年)가 바뀌는 절기를 알 필요는 없지만, 그래도 역학을 공부하는 후학들은 해(年)를 결정하는 기준이 양력 12월 31일에서 1월 1일 사이

가 아님을 알고 있어야 한다. 그렇다고 음력 12월 말일과 1월 1일을 기준으로 한 것도 아니다. 음양력 날짜가 아니고 바로 입춘(立春)이라는 절기이다. 입춘(立春)이 언제 들어왔는지에 따라 해(年)가 정해지는 거다. 예를 들어 음력 1972년 1월 7일에 태어났다고 하자. 1972년에 태어났으므로 당연히 신해(辛亥)년일 것이라 판단하면 안된다. 절기를 기준으로 해(年)가 바뀐다고 했으므로 신해(辛亥)년의 입춘이 언제인지 살핀다. 1월 9일 20시 25분에 입춘이 들어있다. 1972년 1월 7일생이므로 입춘절기를 지나지 않았다. 그렇다면 신해(辛亥)생이 아니라, 전의 해인 경술(庚戌)생인 것이다. 또 하나 음력으로 1963년 12월 23일생이다. 연주는 계묘(癸卯)생이 되어야 한다. 그런데 1963년 12월 22일 4시 5분에 입춘절기가 들어있다. 해가 바뀌는 입춘절기를 지나서 태어났으므로 계묘(癸卯)생이 아니라 그 다음 해인 갑진(甲辰)생이 된 것이다.

시주	일주	월주	년주
			甲
			辰

월(月)을 구분하는 것도 음양력의 월이나 날짜가 아니다. 달이나 날짜가 어찌 되었든 간에 입춘, 경칩, 청명이니 하는 절기로 월주를 가린다. 음력 1월에 태어났다고 인(寅)월이 되는 것이 아니다. 정월 절기인 입춘을 지나야만 진정한 인(寅)월생이 되며, 2월에 태어

낳다고 해도 묘(卯)월 절기인 경칩이 지나야만 묘(卯)월생이 된다.

	입춘	경칩	청명	입하	망종	소서	입추	백로	한로	입동	대설	소한
지지	寅	卯	辰	巳	午	未	申	酉	戌	亥	子	丑
월	1	2	3	4	5	6	7	8	9	10	11	12

1969년 3월 26일(음력)에 태어났다. 3월이니까 진(辰)월일 것이라 결정하면 오류를 범할 수 있다. 만세력에서 3월 절기인 청명을 지나서 태어났는지 확인해야 한다. 3월 26일은 3월 절기인 청명을 지났고, 4월 절기인 입하도 지났다. 음력으로 3월 20일 11시 50분에 4월 절기인 입하가 들어있기 때문이다. 따라서 진(辰)월생이 아니고 사(巳)월생이 된 것이다. 또 음력으로 1957년 5월 7일이 생일이다. 5월이니까 오(午)월일 것이라 짐작하면 안 된다. 5월 절기는 망종인데 절기를 지나지 못하고 태어났다. 망종절기는 5월 9일 8시 25분이다. 그래서 오(午)월생이 아니라 사(巳)월생이 되었다.

지지는 절기로 찾았다. 문제는 월주의 천간을 찾는 방법이다. 월주의 천간은 연주의 천간을 보고 결정한다. 연주의 천간이 갑(甲)과 기(己)로 시작하는 해는 인(寅)월이 병(丙)부터 시작해 병인(丙寅)월이며 묘(卯)월은 정묘(丁卯)월, 진(辰)월은 무진(戊辰)월, 사(巳)월은 기사(己巳)월이 된다. 천간 찾는 방법을 알기 쉽게 도표로 만들었다.

	寅月	卯月	辰月	巳月	午月	未月	申月	酉月	戌月	亥月	子月	丑月
甲己年	丙寅	丁卯	戊辰	己巳	庚午	辛未	壬申	癸酉	甲戌	乙亥	丙子	丁丑
乙庚年	戊寅	己卯	庚辰	辛巳	壬午	癸未	甲申	乙酉	丙戌	丁亥	戊子	己丑
丙辛年	庚寅	辛卯	壬辰	癸巳	甲午	乙未	丙申	丁酉	戊戌	己亥	庚子	辛丑
丁壬年	壬寅	癸卯	甲辰	乙巳	丙午	丁未	戊申	己酉	庚戌	辛亥	壬子	癸丑
戊癸年	甲寅	乙卯	丙辰	丁巳	戊午	己未	庚申	辛酉	壬戌	癸亥	甲子	乙丑

1969년 3월 26일생(음력)

시주	일주	월주	년주
		己	己
		巳	酉

일주를 찾는 방법은 간단하다. 1966년 3월 9일의 일주를 알자면 달력에서 1966년 찾은 다음 3월의 9일이 무슨 일진인가만 보면 된다.

시주	일주	월주	년주
	丁	辛	丙
	卯	卯	午

태어난 시각을 정하는 방법이 아래 도표와 같다. 서양 시간은 24시간으로 구분하지만, 사주 시간으로는 12시각으로 구분한다. 한 시각이 두 시간인 셈이다. 시주에서 지지를 알아내는 방법은 밤 11시부터 그 다음 날 새벽 1시까지는 子시, 새벽 1시부터 새벽 3시까지는 丑시가 된다.

子	丑	寅	卯	辰	巳	午	未	申	酉	戌	亥
23시 ~ 01시	01시 ~ 03시	03시 ~ 05시	05시 ~ 07시	07시 ~ 09시	09시 ~ 11시	11시 ~ 13시	13시 ~ 15시	15시 ~ 17시	17시 ~ 19시	19시 ~ 21시	21시 ~ 23시

자, 이제부터 시주의 천간을 찾자. 월간을 찾을 때는 연간을 살피고, 시주의 천간을 찾을 때는 일간이 무엇인지 살펴야 한다. 갑(甲)과 기(己)일로 시작되는 날에는 자(子)시가 갑자(甲子)시, 축(丑)시는 을축(乙丑)시, 인(寅)시는 병인(丙寅)시, 묘(卯)시는 정묘(丁卯)시가 된다. 아래 도표를 참고하라.

	子시	丑시	寅시	卯시	辰시	巳시	午시	未시	申시	酉시	戌시	亥시
甲己日	甲子	乙丑	丙寅	丁卯	戊辰	己巳	庚午	辛未	壬申	癸酉	甲戌	乙亥
乙庚日	丙子	丁丑	戊寅	己卯	庚辰	辛巳	壬午	癸未	甲申	乙酉	丙戌	丁亥
丙辛日	戊子	己丑	庚寅	辛卯	壬辰	癸巳	甲午	乙未	丙申	丁酉	戊戌	己亥
丁壬日	庚子	辛丑	壬寅	癸卯	甲辰	乙巳	丙午	丁未	戊申	己酉	庚戌	辛亥
戊癸日	壬子	癸丑	甲寅	乙卯	丙辰	丁巳	戊午	己未	庚申	辛酉	壬戌	癸亥

시주	일주	월주	년주
癸	丁	辛	丙
卯	卯	卯	午

◯ 대운(大運)

운은 대운과 세운, 월운과 일운으로 분류한다. 네 가지 운 중에서 삶에 지대한 영향을 끼치는 운은 바로 대운이다. 삶에 만족할 수 있는지, 보편타당한 생각을 하는지, 어느 직업을 택할지 등을 결정하기 때문이다. 굳이 운의 영향력을 가린다면 1~2% 정도의 일운, 3~4% 정도의 월운, 10~15% 정도의 세운, 그리고 나머지 80% 이상의 대운이다. 그러나 운의 영향력 정도와는 다르게 우리가 민감하게 반응하는 운은 일운이다. 왜냐하면 하루하루 다르게 다가오는 미묘한 기분의 차이에 사람은 일희일비하기 때문이다. 그 다음은 월운, 세운 그리고 가장 강력한 대운은 사람이 느끼기가 매우 어렵다. 그러나 가장 강력한 영향력을 지닌 대운에 의해 성격 형성, 가치관의 변화, 의식의 전환, 무의식적 언행, 감성적인 부분, 이성적인 부분, 가족 간의 유대관계, 대인관계, 사회성 등 인생 전반 모든 곳을 좌지우지한다. 이처럼 중요한 대운이 어떻게 펼쳐지는지 살펴보자.

자신의 생월부터 시작한다. 생월 이후 다음 달부터 진행되는 경우(순행)와 생월 이전의 달부터 진행되는 경우(역행)가 있다. 생월 이후의 달부터 시작해 앞으로 나가는 경우와 생월 이전의 달부터 시

작하여 계속 뒤로 나가는 경우를 자신의 연간(나이)을 보고 결정한
다. 남자의 연간이 양(甲丙戊庚壬)일 때, 여자의 연간이 음(乙丁己辛癸)
일 때는 생월 이후의 달부터 진행한다. 그러나 남자는 연간이 음(乙
丁己辛癸)이고, 여자는 연간이 양(甲丙戊庚壬)일 때는 생월 이전의 달부
터 진행한다. 대운 수를 정하는 것은 순행일 경우에는 자신의 생일
에서 그 다음 달의 절기까지의 날짜가 얼마인지를 파악한 후, 그
수를 3으로 나눈 몫이다. 역행일 경우에는 자신의 생일에서 지나
온 달의 절기까지의 날짜가 얼마인지를 파악한 후, 그 수를 3으로
나눈 몫이다. 그리고 한 대운마다 10년씩을 관장하게 된다.

남자 1954년 9월 9일 저녁 8시생(음력)의 대운과 대운 수를 보자.
남자의 연간이 甲으로 양이라, 대운은 순행한다. 그리고 생일에서
부터 그 다음 절기인 한로까지는 3일이 남았다. 3으로 나누면 1이
된다. 1이 대운 수이다. 생월의 간지가 癸酉이므로 다음 간지는 甲
戌, 乙亥, 丙子 순으로 진행된다.

시주		일주		월주		년주	
甲		甲		癸		甲	
戌		午		酉		午	
辛	庚	己	戊	丁	丙	乙	甲
巳	辰	卯	寅	丑	子	亥	戌
71	61	51	41	31	21	11	1

남자 1971년 7월 26일 8시생(음력)의 대운과 대운 수를 보자. 남자의 연간이 辛으로 음이라, 대운은 역행한다. 생일에서부터 지나온 절기인 백로까지는 7일이 남았다. 3으로 나누면 2가 되고 나머지 1은 버린다. 그래서 대운 수는 2이다. 그리고 생월의 간지가 丁酉이므로 대운 간지는 丙申, 乙未, 甲午 순으로 진행된다.

시주		일주		월주		년주	
丙		癸		丁		辛	
辰		卯		酉		亥	
己	庚	辛	壬	癸	甲	乙	丙
丑	寅	卯	辰	巳	午	未	申
72	62	52	42	32	22	12	2

여자 1975년 6월 14일 밤 10시(음력)의 대운과 대운 수를 보자. 여자의 연간이 乙로 음이라, 대운은 순행한다. 생일에서부터 그 다음 절기인 입추까지는 16일이 남았다. 3으로 나누면 5가 되고 나머지 1은 버린다. 그래서 대운 수는 5이다. 그리고 생월의 간지가 癸未이므로 대운 간지는 甲申, 乙酉, 丙戌 순으로 진행된다.

시주		일주		월주		년주	
乙		己		癸		乙	
亥		巳		未		卯	
辛	庚	己	戊	丁	丙	乙	甲
卯	寅	丑	子	亥	戌	酉	申
75	65	55	45	35	25	15	5

여자 1984년 2월 23일 10시(음력)의 대운과 대운 수를 보자. 여자의 연간이 甲으로 양이라, 대운은 역행한다. 생일에서부터 지나온 절기인 경칩까지는 20일이다. 3으로 나누면 6이 되고 나머지 2는 반올림하여 대운 수는 7이 된다. 그리고 생월의 간지가 丁卯이므로 대운 간지는 丙寅, 乙丑, 甲子 순으로 진행된다.

시주		일주		월주		년주	
丁		戊		丁		甲	
巳		午		卯		子	
己	庚	辛	壬	癸	甲	乙	丙
未	申	酉	戌	亥	子	丑	寅
77	67	57	47	37	27	17	7

세운은 일 년을 뜻하는 것으로 대운과 관계없이 현재 맞이하고 있는 해를 뜻한다. 올해가 丁酉년이므로 대운이 역행하든 순행하든 관계 않고 누구에게나 세운은 丁酉년이 되는 것이다. 월운과 일운은 만세력을 참고해라.

⃝ 합충(合冲)

　합에는 지지에서 육합과 삼합이 있으며, 천간에서는 간합이 있다. 충은 지지에서 육충만 인정한다. 합은 서로 친하므로 만나게 되면 자신의 본분을 다하지 못할 수 있다. 서로 좋아하므로 자신의 역할을 잊어버릴 수 있기 때문이다. 충도 서로 다투므로 만나게 되면 으르렁 싸우기에 이 역시 자신의 역할을 잊어버릴 수 있다.

육합	子丑	寅亥	卯戌	辰酉	巳申	午未
육충	子午	丑未	寅申	卯酉	辰戌	巳亥
삼합	寅午戌		巳酉丑		申子辰	亥卯未
간합	甲己	乙庚		丙辛	丁壬	戊癸

2장

녹현역 입문

◯ 천간지지의 상관관계(天干地支의 相觀關係)

녹현방정식을 전개할 때 반드시 알아두어야 할 내용이다. 구제오 행을 극하는 억제오행이 지지에 있으면 그 억제오행에 의해 피해 를 당하는 오행이 어디에 있든지 간에 극을 당하고 만다. 그러나 구제오행이 지지에만 있고, 억제오행은 천간에만 있을 때는 잘 살 펴야 한다. 왜냐하면 천간은 지지의 5분의 1 정도밖에 되지 않기 때문이다. 그래서 극을 당하는 경우는 천간 억제오행 바로 밑에 지지 피해오행이 있을 때이고, 극을 당하지 않는 경우는 천간 억제 오행 바로 밑에 지지 피해오행이 있지 않을 때이다.

시주	일주	월주	년주
		土	
火	木	水	金

구제오행이 수성이라고 하자. 수성을 억제하는 오행은 토성이다. 그런데 토성은 지지엔 없고, 천간에만 있다. 이럴 경우는 도표처럼 천간 억제오행인 토성은 반드시 지지 구제오행인 수성 바로 위에 위치해 있어야만 공식 상 억제가 가능하다.

시주	일주	월주	년주
土			土
火	木	水	金

구제오행이 수성이다. 수성을 억제하는 오행은 토성이다. 그런데 토성은 지지엔 없고, 천간에만 있다. 도표처럼 천간 억제오행인 토성이 지지 구제오행인 수성 바로 위에 위치해 있지 않으면 공식 상 억제할 수가 없다.

◯ 오행수치(五行數值)

시간	일간	월간	년간
0.2		0.2	0.2
1	1	1.2	1
시지	일지	월지	년지

같은 스승 밑에서 배웠어도 사주팔자를 추론함에 있어선 동일한 답이 나오지 않는 것이 역학계의 현실이다. 역학자 주관에 따라 제각각으로 추론하기 때문이다. 틀림없이 삶은 하나일 텐데 추론되는 삶은 여러 가지가 나온다는 것이 난센스고 어불성설이다. 이러한 추론방식을 방지하기 위해 역학도 산수나 수학처럼 한 가지의 답만 나오도록 수치화 및 공식화하였다.

도표와 같은 수치가 어떻게 나왔는가? 계산하기 쉬운 숫자인 1을 지지마다 주었다. 그리고 직접 경험한 자료(30,000명의 내담자의 사주)를 가지고 테스트한 결과, 천간은 지지의 5분의 1인 0.2가 되었다. 그러나 월지의 수치는 달랐다. 기존 이론은 월지가 다른 지지보다 2~3배의 힘이 있다고 했다. 그래서 2 또는 3의 수치를 주고 테스트했으나 실제의 삶과는 거리가 있었다. 경험한 자료를 가지고 검증한 결과 월지는 다른 지지보다 0.2밖에는 강하지 않았다.

그리고 나를 의미하는 일간의 수치는 계산하지 않는다.

토성수치(土星數値)

천간의 모든 오행과 지지의 토성(辰戌丑未)을 제외한 지지의 오행들은 사주 상에 나타나 있는 그대로를 수치로 계산하면 된다. 그러나 辰戌丑未는 그렇지가 않다. 왜냐하면 지지의 토성(辰戌丑未)들은 토성의 기운을 100% 지니고 있지 않아서다. 진(辰) 토성은 목성의 기운을, 미(未) 토성은 화성의 기운을, 술(戌) 토성은 금성의 기운을, 축(丑) 토성은 수성의 기운을 포함하고 있어서다. 따라서 辰戌丑未 토성들의 수치를 알려면 토성 속에 들어있는 본 오행의 수치를 제외해야 한다.

토성의 수치와 본 오행의 수치를 나누는 방법에는 세 가지 기준이 있다. 토성과 본 오행의 비율을 7대3, 5대5, 3대7로 나누는 것이 그것이다. 그 기준은 월지를 보고 정한다. 辰 토성을 살펴보자. 辰 토성은 목성의 기운을 지니고 있다. 그래서 월지가 寅卯辰이면 목성의 기운이 강한 시기이므로 辰 토성일지라도 70%를 목성에게, 30%를 토성에게 배분한다. 그러나 월지가 목성의 기운이 약한 申酉戌이면 30%는 목성에게, 70%는 토성의 기운이 된다. 그리고 목성과 이웃한 월지인 亥子丑, 巳午未이면 辰 토성은 목성 50% 대 토성 50%로 나눈다.

	寅卯辰 월	巳午未 월	申酉戌 월	亥子丑 월
辰	목성 70% 토성 30%	목성 50% 토성 50%	목성 30% 토성 70%	목성 50% 토성 50%
未	화성 50% 토성 50%	화성 70% 토성 30%	화성 50% 토성 50%	화성 30% 토성 70%
戌	금성 30% 토성 70%	금성 50% 토성 50%	금성 70% 토성 30%	금성 50% 토성 50%
丑	수성 50% 토성 50%	수성 30% 토성 70%	수성 50% 토성 50%	수성 70% 토성 30%

이해를 돕기 위해 예를 들겠다.

시주	일주	월주	년주
甲	丁	丙	己
辰	未	子	丑

토성들이 지지에 있으면 우선해야 할 것은 월지를 살피는 거다. 이 사주는 子월로 수성이 힘을 발휘하는 월이다. 그렇다면 연지 丑 토성은 수성의 기운을 지녔기에 수성에게 70%, 토성에게는 30%가 배분된다. 그래서 수성의 수치가 0.7, 토성의 수치는 0.3이 된다. 일지 未 토성은 화성의 기운을 지니고 있다. 그런데 월지가 수성의 시기라 화성에게 30%, 토성에게 70%를 주어 화성의 수치는 0.3, 토성의 수치는 0.7이 된다. 마지막으로 시지 辰 토성은 목성의 기운을 지니고 있다. 그러나 월지는 수성의 시기라 목성에게

50%, 토성에게 50%를 주어 목성의 수치가 0.5, 토성의 수치도 0.5이다. 따라서 이 사주에서의 토성수치는 연간 己 0.2와 연지 丑 0.3 그리고 일지 未 0.7과 시지 辰 0.5로 합하면 1.7이 된다.

시주	일주	월주	년주
丁	丁	壬	戊
未	卯	戌	午

월지와 시지에 토성이 있다. 戌 토성은 금성의 기운을 내포하고 있는데, 월지 역시 금성이 힘을 내는 시기이다. 그래서 금성에게 70%, 토성에게는 30%이므로 금성의 수치는 0.84, 토성의 수치는 0.36이다. 시지의 未 토성은 화성의 기운을 지니고 있다. 그래서 화성에게 50%, 토성에게 50% 배분하므로 화성의 수치는 0.5, 토성의 수치도 0.5이다. 이 사주의 토성수치는 천간 戊 0.2와 戌 0.36 그리고 未 0.5로 총 1.06이 된다.

⦿ 오행강약(五行强弱)

녹현역학은 오행을 수치화하여 공식에 대입해서 용신과 희신을 찾는 방식이다. 가장 강한 오행을 찾아 그로 인해 피해 보는 오행을 찾고, 그것을 구제하는 오행을 찾는 방식인 것이다. 그런데 수치가 똑같은 오행이 여럿 나타날 수 있다. 이럴 때를 대비해 매월 가장 강한 오행의 순위를 정했다.

寅월일 때 모든 오행수치가 같다. 寅월은 목성의 시기이므로 가장 강한 오행은 목성이다. 그리고 나머지 오행의 순위를 정하자. 우선 목성과 반대가 되는 오행을 찾는다. 금성은 금극목하고 토성은 목극토로 목성과 반대의 기운을 지닌 오행이다. 그래서 수치가 같다고 해도 寅월에는 목성을 극하는 금성이 가장 약하고, 그 다음으로는 토성이다. 나머지 화성과 수성이 남는다. 흔히 생각하기로 寅월은 목성이니까 목생화로 수성보다 화성이 강하다고 생각할지 모르겠다. 그러나 그렇지가 않다. 寅월에서는 뜨거운 기운(화성)보다 차가운 기운(수성)이 더 강하다. 이유는 寅월에서 수성의 시기(丑월)로 가려면 한 단계만 가면 되고, 화성의 시기(巳월)로 가려면 세 단계를 가야하기 때문이다. 그래서 오행의 수치가 모두 같다고 했을 때, 寅월에서는 목성이 제일 강하고, 그 다음으로 수성, 화성,

토성, 금성의 순인 것이다.

卯월일 때 모든 오행수치가 같다. 卯월이니까 당연히 목성이 강할 것이며, 목성과 반대가 되는 금성이 가장 약할 것이고, 그 다음으로는 토성이다. 화성과 수성이 남았다. 화성(巳월)으로 가는 것도 두 단계, 수성(丑월)으로 가는 것도 두 단계로 똑같다. 이럴 때는 지나온 오행(수성)보다는 앞으로 나아갈 오행(화성)에게 힘을 실어줘야 한다. 그래서 오행의 수치가 모두 같다고 했을 때, 卯월에서도 목성이 제일 강하고, 그 다음으로 화성, 수성, 토성, 금성의 순인 것이다.

辰월일 때 모든 오행수치가 같다. 辰월 역시 목성의 시기라 목성이 제일 강하다고 생각할 것이다. 실제로 辰 토성 안에 들어있는 목성이 강하다고 할지라도 토성과 목성이 수치가 같다면 토성이 목성보다 강하다고 본다. 이유는 토성의 월인데도 토성 안에 들어있는 오행보다 강하지 않다고 하면, 토성이 제일 강한 시기는 없어서다. 두 번째로 강한 오행은 목성, 세 번째로 강한 오행은 화성, 네 번째는 수성, 반대의 기운을 지닌 금성이 맨 마지막을 차지한다.

오행의 강한 순서

	일 순위	이 순위	삼 순위	사 순위	오 순위
寅월	목성	수성	화성	토성	금성
卯월	목성	화성	수성	토성	금성
辰월	토성	목성	화성	수성	금성
巳월	화성	토성	목성	금성	수성
午월	화성	토성	금성	목성	수성
未월	토성	화성	금성	목성	수성
申월	금성	화성	토성	수성	목성
酉월	금성	수성	화성	토성	목성
戌월	토성	금성	수성	화성	목성
亥월	수성	금성	목성	토성	화성
子월	수성	목성	금성	토성	화성
丑월	토성	수성	목성	금성	화성

이해를 돕겠다.

시주	일주	월주	년주
庚	辛	甲	戊
寅	未	子	申

이 사주의 오행수치는 목성 1.2, 금성 1.2, 수성 1.2, 토성 0.9, 화성 0.2이다. 목성과 금성 그리고 수성의 수치가 1.2로 같다. 월지가

子월 수성의 시기이므로 당연히 수성이 가장 강하고, 그 다음으로는 목성, 금성의 순인 것이다.

시주	일주	월주	년주
丁	乙	壬	戊
亥	卯	戌	午

이 사주의 오행수치는 화성 1.2, 수성 1.2, 목성 1, 금성 0.86, 토성 0.56이다. 화성과 수성의 수치가 1.2로 같다. 월지는 戌월로 금성의 시기이다. 그래서 화성보다는 수성이 더 강한 것이다.

⭘ 일주강약의 기준(日主強弱의 基準)

태어날 때 타고나는 모든 오행수치의 합은 4.8이다. 그렇다면 일주강약을 논할 때, 4.8의 2분의 1인 2.4를 기준으로 해야 하는 것이 아닌가 생각할 수 있다. 그러나 실제의 삶에 있어서는 2.4가 아닌 1.21이 일주강약의 기준이 된다. 즉 일간을 도와주는 오행의 합이 1.21을 넘으면 신강, 1.21을 넘지 않으면 신약인 것이다. 일주강약이 삶을 살아감에 있어서는 어떤 역할도 하지 않지만, 녹현방정식을 전개함에 있어서는 매우 중요한 부분을 차지한다.

녹현방정식은 억제오행에 의해 피해오행이 생기고, 피해오행을 구하기 위한 구제오행이 나타난다. 그런데 구제오행은 하나가 아닌, 두 가지 오행이 나타난다. 두 가지 오행 중 하나를 선택해야 하는데, 그 부분을 일주강약을 보고 판단하기 때문이다.

이해를 돕기 위해 예를 든다.

시주	일주	월주	년주
庚	辛	甲	戊
寅	未	子	申

* 오행비율 - 수성: 1.2, 목성: 1.2, 금성: 1.2, 토성: 0.9, 화성: 0.3

일간이 辛 금성이므로 금성을 생하는 토성수치와 같은 오행인 금성수치를 합하여 강약을 정한다. 토성수치는 0.9이며, 금성수치는 1.2이므로 합이 2.1로 최소신강수치인 1.21을 넘었으므로 신강한 사주이다.

시주	일주	월주	년주
丙	乙	壬	丙
戌	巳	辰	辰

* 오행비율 - 목성: 1.54, 화성: 1.4, 토성: 1.36, 금성: 0.3, 수성: 0.2

일간이 乙 목성이므로 목성을 생하는 수성수치와 같은 오행인 목성수치를 합하여 강약을 정한다. 수성수치는 0.2이며, 목성수치는 1.54이므로 합이 1.74로 최소신강수치인 1.21을 넘었으므로 신강한 사주이다.

시주	일주	월주	년주
甲	丙	庚	辛
午	申	子	丑

* 오행비율 - 수성: 1.9, 금성: 1.4, 화성: 1, 토성: 0.3, 목성: 0.2

일간이 丙 화성이므로 화성을 생하는 목성수치와 같은 오행인 화성수치를 합하여 강약을 정한다. 목성수치는 0.2이며, 화성수치는 1이므로 합이 1.2로 최대신약수치인 1.21을 못 넘었으므로 신약한 사주이다.

시주	일주	월주	년주
乙	戊	丁	己
卯	申	丑	丑

* 오행비율 - 수성: 1.54, 목성: 1.2, 금성: 1, 토성: 0.86, 화성: 0.2

일간이 戊 토성이므로 토성을 생하는 화성수치와 같은 오행인 토성수치를 합하여 강약을 정한다. 화성수치는 0.2이며, 토성수치는 0.86이므로 합이 1.06으로 최대신약수치인 1.21을 못 넘었으므로 신약한 사주이다.

◯ 활동 못 하는 오행(活動 못 하는 五行)

활동하지 못한다는 것은 녹현방정식을 전개함에 있어 구제오행이나 억제오행 역할을 하지 못한다는 거다. 이유는 오행수치는 있으나 토성 안에 있어서다. 지지의 토성인 辰戌丑未 안에 있고, 다른 간지에 나타나 있지 않으면 그 오행의 수치는 인정하지만 구제역할이나 억제역할을 할 수가 없다. 그러나 토성 안에 들어있는 본오행의 수치가 사주 내에서 가장 높으면 녹현방정식을 전개할 때, 맨 처음 억제오행 역할은 한다. 그러나 그 뒤에는 어떠한 역할도 하지 못한다.

이해를 돕겠다.

시주	일주	월주	년주
乙	戊	丁	己
卯	申	丑	丑

* 오행비율 - 수성: 1.54, 목성: 1.2, 금성: 1, 토성: 0.86, 화성: 0.2

* 일주강약 - 1.06 신약

수치는 있지만 드러나지 않은 오행은 수성이다. 그런데 수성수치
는 사주 내에서 가장 높다. 이런 경우에는 녹현방정식을 전개할 때
맨 처음 억제오행 역할은 한다. 그러나 그 다음으로는 어떠한 역할
도 할 수 없다.

시주	일주	월주	년주
庚	乙	壬	丙
辰	巳	辰	午

* 오행비율 - 화성: 2.2, 목성: 1.54, 토성: 0.66, 수성: 0.2, 금성: 0.2

* 일주강약 - 1.74 신강

수치는 있지만 드러나지 않은 오행은 목성이다. 일간 乙 목성은
수치를 계산하지 않으므로 辰 안에 목성수치와는 아무런 관련이
없다. 그래서 목성수치가 1.54지만 녹현방정식을 전개할 때는 억제
오행 역할이나 구제오행 역할을 할 수가 없다.

시주	일주	월주	년주
甲	甲	戊	己
戌	寅	辰	未

* 오행비율 - 목성: 2.04, 토성: 1.96, 화성: 0.5, 금성: 0.3, 수성: 0

* 일주강약 - 2.04 신강

수치는 있지만 드러나지 않은 오행은 화성과 금성이다. 그리고 사주 내에서 가장 높은 수치도 아니므로 금성과 화성은 녹현방정식을 전개할 때, 억제오행 역할과 구제오행 역할을 전혀 할 수가 없다.

⃝ 녹현방정식(녹현方程式)

녹현방정식이라 부르게 된 이유는 필자가 방정식을 창안했기 때문이다. 그래서 필자의 호인 녹현을 방정식 앞에 붙인 것이다. 앞서 자신이 타고난 오행을 수치화했고 신강, 신약의 기준도 수치로 정했기에 용신과 희신을 찾는 공식도 창안하게 되었다. 알기 쉬우면서도 어느 누가 공식에 대입하든지 간에 똑같은 답이 나오게 만들기 위해서다.

방정식을 창안하게 된 동기가 있다. 사람으로 태어나 죽기 전까지 반드시 해야 할 것이 있다고 한다. 그것은 바로 '자원봉사'라 한다. 힘 있는 사람, 몸 성한 사람, 돈 많은 사람, 권력을 가진 사람, 유명인들은 힘없는 사람, 병들은 사람, 몸이 성치 않은 사람, 노약자, 가진 것이 없는 사람들을 물심양면으로 도와줘야 한다고 한다. 그래야만 그들도 사람답게 살 수 있으니까 말이다. 이런 자원봉사를 하는 삶이야말로 사람이라면 누구나 해야만 하는 가장 가치가 있는 삶이라 한다. 필자는 이런 자원봉사를 하는 삶에서 힌트를 얻어 공식을 창안했다.

사주 내에서 수치가 강한 오행은 억제오행으로 물질적·권위적으로 힘 있는 사람, 그에게 피해를 보는 오행을 피해오행인 노약자·장

애인으로 힘없는 사람, 그리고 피해를 보는 오행을 구하는 구제오행을 자원봉사자라 생각하고 공식을 창안했다. 이러한 삶의 법칙을 역학이론에 적용한 것은, 역학이라는 학문 역시 사람의 삶을 위해 태어난 학문이기 때문이었다.

이 공식의 법칙은 강한 사람에 의해 약한 사람이 피해를 보고 있을 때, 그 사람을 구제하기 위해 어느 한 사람이 강한 사람의 기운을 억제하거나 빼내 주는 역할을 해야만 공평해진다는 방식이다. 그리고 이 모든 것을 주관하는 사람은 바로 자신이므로 자신을 나타내는 일간이 선택해야 한다. 선택의 기준은 신강과 신약, 그리고 음기와 양기의 차이 등을 따져 강한 기운이나 방해하는 기운을 빼내든지 아니면 억제하든지 하는 것으로 공식이 이뤄진다. 그런데 녹현방정식은 1차에서 끝나기도 하지만, 2차, 3차, 4차 공식까지 이어지기도 한다. 간략히 설명하면, 1차에서 나온 구제오행을 억제하는 오행이 있으면 2차 공식으로 넘어간다. 2차 구제오행 역시 억제하는 오행이 있다면 3차 공식으로 이어진다. 이런 방식으로 4차 공식까지 이어지기도 한다.

추가로 격국의 명칭에 대해 설명하겠다. 억제오행에 의해 피해오행이 있고, 피해오행을 구하는 구제오행이 나타난다. 그리고 피해오행과 구제오행은 늘 상생관계이다. 구제오행이 피해오행을 생하던지, 피해오행이 구제오행을 생하던지 말이다. 아무튼 구제오행은 용신이고, 피해오행은 희신이다. 그래서 구제오행이 피해오행을 생하면 용신과 희신 사이에 '生'자가 들어가고, 구제오행이 피해오행

의 생을 받으면 용신과 희신 사이에 '保'자가 들어간다. 그리고 구
제오행이 없는 경우도 있다. 이럴 때는 '用'자를 사용한다.

'生'자가 들어가는 격국의 종류는 다섯 종류로 '관성생인성격', '인
성생비견격', '비견생식상격', '식상생재성격', '재성생관성격'이 있다.
'保'자가 들어가는 격국의 종류는 다섯 종류로 '관성보재성격', '인
성보관성격', '비견보인성격', '식상보비겁격', '재성보식상격'이다. '用'
자가 들어가는 격국도 다섯 종류가 있는데 '인성용인성격', '비견용
비견격', '식상용식상격', '재성용재성격', '관성용관성격'이 그것이다.

공식프레임

* 목성프레임	* 화성프레임	* 토성프레임
목성 → 토성 ／ ↖ 화성　　금성 목성이 토성을 억제 화성과 금성이 구제오행	화성 → 금성 ／ ↖ 토성　　수성 화성이 금성을 억제 토성과 수성이 구제오행	토성 → 수성 ／ ↖ 금성　　목성 토성이 수성을 억제 금성과 목성이 구제오행
* 금성프레임 금성 → 목성 ／ ↖ 수성　　화성 금성이 목성을 억제 수성과 화성이 구제오행		* 수성프레임 수성 → 화성 ／ ↖ 목성　　토성 수성이 화성을 억제 목성과 토성이 구제오행

◯ 일주강약 방정식(日主强弱 方程式)

일주강약에 따라 구제오행을 선택하는 방식이 다르다. 구제오행은 항상 두 가지 오행이 나타난다. 두 가지 구제오행이 사주 내에 다 있고, 또한 활동할 수 있다고 가정하자. 이런 상황에서 신강하면 일간의 기운을 억제하거나 빼내 가는 오행으로 구제오행을 선택하고, 신약하면 일간의 기운을 도와주는 오행으로 구제오행을 선택한다.

어떤 경우는 두 가지 구제오행 중 한 가지 구제오행만 있거나, 또는 두 가지 구제오행이 모두 없거나 활동하지 못할 수도 있다. 이럴 경우에는 신강약을 가리지 못하고 구제오행을 선택한다. 예를 들겠다.

시주	일주	월주	년주
辛	丁	庚	戊
亥	卯	申	午

* 오행비율 - 금성: 1.6, 화성: 1, 수성: 1, 목성: 1, 토성: 0.2

* 일주강약 - 2 신강

* 녹현방정식 - 금성의 수치가 가장 높으므로 목성이 피해 보고 있다. 피해 보고
있는 목성을 구하려면 수성과 화성이 있어야 한다. 다행히 연지에 午 화성과 시
지의 亥 수성이 있다. 두 가지 구제오행 중에 어느 오행을 선택하여 피해오행인
목성을 구할지는 오로지 일간만이 선택한다. 丁 일간은 신강이므로 일간을 도와
주는 오행보다는 일간을 억제하거나 빼내는 오행에게 목성을 구하라고 하는 것
이 합당한 선택이다. 그래서 丁 일간은 午 화성보다는 亥 수성에게 피해오행인
목성을 구하라고 한다(1차 방정식). 亥 수성을 억제하는 토성이 연간에 있어 억제
하지 못하므로 공식은 끝난다. 용신은 구제오행인 수성으로 관성이고, 희신은 목
성으로 인성이다. 즉 용신이 희신을 생하는 관계이므로 용신과 희신 사이에 '生'
자가 들어간다. 그래서 격국은 관성生인성격이라 부른다.

시주	일주	월주	년주
辛	丁	己	壬
亥	酉	酉	申

* 오행비율 - 금성: 3.4, 수성: 1.2, 토성: 0.2, 화성: 0, 목성: 0

* 일주강약 - 0 신약

* 녹현방정식 - 금성의 수치가 가장 높으므로 목성이 피해 보고 있다. 피해 보고 있는 목성을 구하려면 수성과 화성이 있어야 한다. 그런데 구제오행 중에 수성만 있고 화성은 없다. 이럴 때는 일간의 강약을 논하기에 앞서, 사주 내에서 활동하고 있는 구제오행에게 무조건적으로 피해오행을 구하라고 한다. 그래서 壬과 亥에게 목성을 구하라고 한다(1차 방정식). 그런데 수성의 활동을 방해하는 己 토성이 월간에 있다. 시지의 亥 구제오행은 억제하지 못하지만, 연간의 壬 구제오행은 능히 억제하므로 또 한 번의 공식을 대입해야 한다. 己 토성이 壬 수성을 억제하고 있을 때는 구제오행으로 목성과 금성이 나온다. 구제오행 중에 목성은 없고 금성만 있으므로 일간의 강약을 논하지 않는다. 무조건적으로 금성에게 수성을 구하라고 한다(2차 방정식). 2차 구제오행인 금성을 억제하는 화성은 없으므로 공식은 여기서 끝난다. 용신은 구제오행인 금성으로 재성이고, 희신은 수성으로 관성이다. 즉 용신이 희신을 생하는 관계이므로 용신과 희신 사이에 '生'자가 들어가 격국은 재성生관성격이라 부른다.

시주	일주	월주	년주
己	辛	乙	甲
亥	酉	亥	子

* 오행비율 - 수성: 3.2, 금성: 1, 목성: 0.4, 토성: 0.2, 화성: 0

* 일주강약 - 1.2 신약

* 녹현방정식 - 수성의 수치가 가장 높으므로 화성이 피해 보고 있다. 피해 보고 있는 화성을 구하는 오행은 목성과 토성이다. 두 가지 구제오행이 사주 내에 있고, 모두가 활동하는 오행이다. 이럴 때는 일간의 강약을 살펴 구제오행을 선택한다. 辛 일간은 1.2로 신약이므로 일간을 도와주는 오행인 己 토성으로 구제오행을 선택한다(1차 방정식). 그런데 시간의 己 토성을 연간과 월간의 甲乙 목성이 방해하므로 다시 한 번 공식을 대입한다. 목성이 토성의 활동을 방해할 때는 구제오행으로 화성과 금성이 나온다. 그러나 화성은 없고 금성만 있으므로 무조건적으로 금성에게 토성을 구하라고 한다(2차 방정식). 2차 구제오행인 금성을 억제하는 화성이 없으므로 공식은 여기서 끝난다. 용신은 구제오행인 금성으로 비견이고, 희신은 토성으로 인성이다. 즉 희신의 생을 받는 용신이므로 용신과 희신 사이에 '保'자가 들어가 격국은 비견保인성격이라 한다.

시주	일주	월주	년주
辛	乙	甲	乙
巳	卯	申	巳

* 오행비율 - 화성: 2, 금성: 1.4, 목성: 1.4, 토성: 0, 수성: 0

* 일주강약 - 1.4 신강

* 녹현방정식 - 화성의 수치가 가장 높으므로 금성이 피해 본다. 피해 보고 있는 금성을 구제하는 오행은 토성과 수성이다. 그런데 사주 내에는 구제오행인 토성과 수성이 없다(1차 방정식). 이럴 때는 피해를 보고 있는 오행이 용신이 된다. 그러나 구제오행이 없는 관계로 병(病)이 심하게 걸렸으므로 병신(病神)이라 한다. 그리고 병신 사이에 '用'자를 넣어서 관성用관성격이라 부른다.

시주	일주	월주	년주
甲	壬	己	庚
辰	辰	丑	戌

* 오행비율 - 토성: 2.06, 목성: 1.2, 수성: 0.84, 금성: 0.7, 화성: 0

* 일주강약 - 1.54 신강

* 녹현방정식 - 토성의 수치가 가장 높으므로 수성이 피해 보고 있다. 피해 보고 있는 수성을 구하는 오행은 금성과 목성이다. 두 가지 구제오행인 연간의 庚 금성과 시간의 甲 목성이 모두 있다. 이럴 때는 일간의 강약을 살펴 구제오행을 선택한다. 壬 일간은 1.54로 신강이다. 그래서 일간을 도와주는 오행인 금성보다는 일간의 기운을 빼내는 甲 목성에게 화성을 구하라고 한다(1차 방정식). 그런데 구제오행인 甲 목성의 자유로운 활동을 방해하는 금성이 있다. 그래서 또 한 번의 공식을 대입한다. 금성이 목성을 억제할 때는 구제오행으로 수성과 화성이 나온다. 사주 내에는 두 가지 구제오행 중에 화성은 아예 없고, 수성은 수치만 있지 활동하지 못한다. 결국 구제오행이 없는 셈이다. 이럴 때는 피해 보고 있는 오행이 용신이 된다(2차 방정식). 그래서 용신 사이에 '用'자를 넣어 식상用식상격이라 부른다.

⚪ 음양차이 방정식(陰陽差異 方程式)

앞서 구제오행을 선택하는 기준은 일간의 강약이라 했다. 그런데 구제오행을 선택할 때 일간의 강약으로만 선택할 수 없는 경우도 있다. 이럴 때는 사주 전체의 음기와 양기의 차이를 보고 선택해야 한다. 물론 두 가지 구제오행이 사주 내에 모두 있고, 활동할 수 있는 상황 아래에서다. 한 가지 구제오행이 없거나 활동할 수 없으면 음양의 차이를 논하지 않는다. 반드시 두 가지 구제오행이 있고 활동할 수 있어야 한다.

이렇게 음양의 차이를 살펴 구제오행을 선택하는 경우는 비견이 억제오행이 되고, 재성이 피해오행 그리고 식상과 관성이 구제오행으로 나타났을 때이다. 식상과 관성 중에 하나를 선택하는 것은 일간의 강약하고는 전혀 관련이 없어서다, 식상을 선택하든, 관성을 선택하든 어차피 일간의 기운을 빼내거나 억제하는 오행일 뿐이다. 신약하다고 해서 구제오행 식상과 관성 중에 하나를 선택하지 않을 수도 없고, 신강하다고 하면 식상과 관성 모두 구제오행으로 선택할 수 있어서다. 그래서 신강약으로 구제오행을 선택할 수 없다.

음양의 차이가 1.1 이하면 음양의 조화가 잘 맞은 것이고, 1.11

이상이면 음양의 조화가 맞지 않은 것이다. 음양의 조화가 1.1 이하로 잘 맞았을 경우는, 구제오행 식상과 관성 중에 수치가 높은 오행을 구제오행으로 선택한다. 그러나 음양의 차이가 1.11 이상이면 사주 내의 음양조화가 이뤄지지 않은 것이라 무엇보다 음양의 조화를 이루는 것이 필요하다. 그래서 식상과 관성의 수치를 살피지 않고 음양 중에 부족한 기운 쪽의 오행을 구제오행으로 선택한다. 만약 양기가 음기보다 1.11 이상 높으면 음기에 속한 오행으로, 음기가 양기보다 1.11 이상 높으면 양기에 속한 오행으로 선택하는 것이다.

시주	일주	월주	년주
癸	壬	癸	庚
卯	戌	未	子

* 오행비율 - 수성: 1.4, 목성: 1, 토성: 0.86, 화성: 0.84, 금성: 0.7

* 일주강약 - 2.1 신강

* 음양차이 - 음기: 2.1, 양기: 2.2, 중성: 0.5

* 녹현방정식 - 수성의 수치가 가장 높으므로 화성이 피해 보고 있다. 피해 보고 있는 화성을 구하는 오행은 목성과 토성이다. 두 가지 구제오행 모두 사주 내에 있으며, 활동하고 있다. 그런데 일간은 신강이다. 그래서 일간의 기운을 빼내거나 억제하는 오행으로 구제오행을 선택해야 한다. 목성을 구제오행으로 선택해도 壬 일간의 기운을 빼내고, 토성을 구제오행으로 선택해도 壬 일간의

기운을 억제할 수 있다. 이런 상황이라 일간의 강약으로 선택하기가 어렵다. 이럴 때 사주 전체의 음양의 차이를 살핀다. 음기는 2.1, 양기는 2.2로 차이는 0.1밖에 나지 않으므로 음양의 조화가 잘 이뤄졌다. 이런 경우는 구제오행 목성과 토성 중에 수치가 강한 오행에게 부탁하는 것이 효과적인 방법이다. 목성은 1, 토성은 0.86이므로 토성보다는 목성에게 화성을 구하라고 하는 것이 효율적인 것이다(1차 방정식). 그래서 용신은 목성으로 식상, 희신은 화성으로, 재성이라 격국은 식상생재성격이라 한다.

시주	일주	월주	년주
壬	庚	戊	庚
申	午	子	戌

* 오행비율 - 금성: 1.7, 수성: 1.2, 화성: 1, 토성: 0.7, 목성: 0.2

* 일주강약 - 2.4 신강

* 음양차이 - 음기: 2.9, 양기: 1.2, 중성: 0.7

* 녹현방정식 - 금성의 수치가 가장 높으므로 목성이 피해 본다. 피해 보고 있는 목성을 구하는 오행은 수성과 화성이다. 두 가지 구제오행 모두 사주 내에 있으며, 활동하고 있다. 그리고 일간은 신강이다. 그래서 일간의 기운을 빼내거나 억제하는 오행으로 구제오행을 선택해야 한다. 수성을 구제오행으로 선택해도 庚 일간의 기운을 빼내고, 화성을 구제오행으로 선택해도 庚 일간의 기운을 억제할 수 있다. 이럴 때는 사주 전체의 음양차이를 살펴 구제오행을 정한다. 음기는 2.9, 양기는 1.2. 음기가 양기보다 1.7이나 높다. 음양의 차이가 1.11 이상이므로 음양의 조화가 이뤄지지 않았다. 그래서 음양조화를 맞추는

것이 급선무라 음기인 수성보다는 양기인 화성에게 목성을 구하라고 하는 것
이 효과적이다(1차 방정식). 물론 화성수치는 수성수치보다 약하지만 말이다.
그런데 子 수성이 午 화성의 자유로운 활동을 방해하므로 또 한 번의 공식을
적용한다. 수성이 화성을 억제할 때는 구제오행으로 목성과 토성이 나온다.
庚 일간은 신강이므로 목성에게 화성을 구하라고 한다(2차 방정식). 그리고
금성이 이미 1차 방정식 때 억제오행으로 사용했으므로 공식은 여기서 끝난
다. 용신은 목성으로 재성, 희신은 화성으로 관성이라 격국은 재성생관성격이
라 한다.

시주	일주	월주	년주
癸	丙	丁	己
巳	戌	卯	巳

* 오행비율 - 화성: 2.2, 목성: 1.2, 토성: 0.9, 금성: 0.3, 수성: 0.2

* 일주강약 - 3.4 신강

* 음양차이 - 음기: 0.5, 양기: 3.4, 중성: 0.9

* 녹현방정식 - 화성의 수치가 가장 높으므로 금성이 억제당하고 있다. 억제당하
  고 있는 금성을 구하는 오행은 토성과 수성이다. 두 가지 구제오행 모두 사주
  내에 있으며, 활동하고 있다. 그리고 구제오행 수성이나 토성은 丙 일간의 강약
  으로는 선택할 수 없다. 그래서 사주 전체의 음양차이를 살펴 구제오행을 정하
  는 거다. 음기는 0.5, 양기는 3.4로 그 차이가 무려 2.9나 난다. 음양차이가
  1.11 이상이므로 부족한 음기를 채우는 것이 급선무이다. 그래서 중성인 토성
  보다는 음기인 수성에게 금성을 구하라고 하는 것이 효과적이다(1차 방정식).

그러나 토성이 수성의 자유로운 활동을 방해하므로 또 한 번의 공식을 대입해야 한다. 토성이 수성을 억제할 때는 금성과 목성이 구제오행으로 나온다. 丙일간은 신강이므로 기운을 빼내거나 억제하는 금성에게 구해달라고 하고 싶은데, 금성수치는 있으나 戌 토성 안에 있으므로 활동할 수가 없다. 그래서 할 수 없이 목성에게 수성을 구하라고 한다(2차 방정식). 목성을 억제하는 금성은 활동하지 못하므로 공식은 끝난다. 용신은 목성으로 인성, 희신은 수성으로 관성이라 격국은 인성보관성격이라 한다.

시주	일주	월주	년주
乙	壬	己	乙
巳	戌	卯	亥

* 오행비율 - 목성: 1.6, 화성: 1, 수성: 1, 토성: 0.9, 금성: 0.3

* 일주강약 - 1.3 신강

* 음양차이 - 음기: 1.3, 양기: 2.6, 중성: 0.9

* 녹현방정식 - 목성의 수치가 가장 높으므로 토성이 억제당하고 있다. 억제당하고 있는 토성을 구할 수 있는 오행은 화성과 금성이다. 壬 일간은 신강이므로 화성에게 토성을 구하라고 한다(1차 방정식). 그러나 亥 수성이 화성의 활동을 방해하므로 또 한 번의 공식을 대입한다. 수성이 화성을 억제할 때는 목성과 토성이 구제오행으로 나온다. 목성과 토성은 식상과 관성이므로 음양차이를 살펴 구제오행을 선택한다. 음기는 1.3, 양기는 2.6으로 음양차이가 1.11 이상이다. 그러므로 부족한 음기를 채우는 것이 급선무이다. 그런데 구제오행 목성과 토성 중에 음기는 없다. 그래도 양기인 목성보다는 중성인 토성에게 화성을

구하라고 하는 것이 효과적이다(2차 방정식). 토성을 억제하는 목성은 1차 공식 때 이미 억제역할을 했으므로 여기서 공식은 끝난다. 용신은 토성으로 관성, 희신은 화성으로 재성이라 격국은 관성보재성격이라 한다.

3장

녹현역 초급

○ 일반사주(一般四主)

　세상에 존재하는 모든 사주를 녹현방정식에 대입하면 4종류의 사주로 나눌 수 있다. 일반사주, 진가사주, 병약사주, 무격사주가 그것이다. 4종류로 나뉜 것은 일간이 바라는 구제오행인지 아닌지와 구제오행이 있는지 없는지를 보고 분류한다. 종류에 따라 늘 자신감이 넘치고, 늘 허무함을 느끼고, 늘 결단력과 자신감이 없으며, 늘 주위의 도움을 받지 못한다.

　일반사주란 억제오행에 의해 피해오행이 생겼을 때, 일간이 원하는 오행으로 구제오행을 선택했다는 사주를 말함이다. 일간이 신강이면 일간의 기운을 빼거나 억제하는 식상, 관성, 재성을 구제오행으로, 일간이 신약이면 일간의 기운을 도와주는 비견, 인성을 구제오행으로 선택하는 것이 그것이다. 그래서인지 다른 사주에서는 찾을 수 없는 상황이 일어난다. 용신과 희신과는 별도로 이용육친이라는 것이 생겨난다. 그리고 일간은 이용육친을 좋아하는 척한다. 말 그대로 이용한다는 의미이다. 억제오행에 의해 피해오행을 구하는 것이 구제오행이다. 그래서 마지막 구제오행은 용신, 피해오행은 희신이 된다. 다시 말하면 구제오행은 피해오행을 구하기 위해 존재한다. 그래서 비중은 피해오행에 있으며, 역할을 구제오행이 한다. 즉 희신을 위해 용신이 존재한다는 거다. 일반사주는 희신을 보호하기 위해 용신과 친한 다른 육친을 앞에다가 내세운다. 좋아하지 않지만 오로지 희신을 보호하기 위해서 말이다. 그래서 남들은 일간이 이용육친을 좋아하는 것으로 비칠 수 있다.

일반사주는 일간 자신이 원하는 육친으로 구제오행을 선택함으로써 순간순간마다 만족스러운지, 불만족스러운지를 과감히 드러낸다. 또한 좋고 싫음의 표현도 과감히 표출함으로써 자신의 주장이나 의사를 분명하게 전달한다. 10명 중 5~6명 정도가 일반사주에 속한다.

이용육친 도표

(이용)+용신+희신	(이용)+용신+희신
(관성)인성생비견격	(관성)재성보식상격
(인성)비견생식상격	(재성)식상보비견격
(비견)식상생재성격	(식상)비견보인성격
(식상)재성생관성격	(비견)인성보관성격
(재성)관성생인성격	(인성)관성보재성격

시주	일주	월주	년주
己	乙	丙	甲
卯	巳	子	寅

* 오행비율 - 목성: 2.2, 수성: 1.2, 화성: 1, 토성: 0.2, 금성: 0

* 일주강약 - 3.2 신강

* 음양차이 - 음기: 1.2, 양기: 3.4, 중성: 0.2

* 녹현방정식 - 목성이 토성을 억제, 화성과 수성이 구제오행, 신강이라 구제오
행으로 화성을 선택(1차 방정식). 수성이 화성을 억제, 목성과 토성이 구제오
행, 신강이라 구제오행으로 토성을 선택(2차 방정식). 토성을 억제하는 목성은
1차 때 억제역할을 했으므로 공식은 여기서 끝난다. 그래서 용신은 토성으로
재성, 희신은 화성으로 식상이므로 격국은 재성보식상격이다. 재성이 용신이
된 것은 신강한 사주에서는 당연한 일이다. 그래서 이 사주는 일반사주로 용신
인 재성 앞에 희신과는 반대지만 용신과는 친한 관성이 이용육친으로 나오는
것이다. 그래서 (관성)재성보식상격이 된다.

시주	일주	월주	년주
壬	壬	庚	己
寅	辰	午	丑

* 오행비율 - 목성: 1.5, 토성: 1.4, 화성: 1.2, 수성: 0.5, 금성: 0.2

* 일주강약 - 0.7 신약

* 음양차이 - 음기: 1.4, 양기: 2.7, 중성: 0.7

* 녹현방정식 - 목성이 토성을 억제, 화성과 금성이 구제오행, 신약이라 금성으로 구제오행으로 선택(1차 방정식). 화성이 금성을 억제, 토성과 수성이 구제오행, 신약이라 구제오행으로 수성을 선택(2차 방정식). 토성이 수성을 억제, 금성과 목성이 구제오행, 신약이라 금성을 구제오행으로 선택(3차 방정식). 금성을 억제하는 화성은 2차 때 억제역할을 했으므로 공식은 끝난다. 그래서 용신은 금성으로 인성, 희신은 수성으로 비견이므로 격국은 인성생비견격이다. 인성이 용신이 된 것은 신약한 사주에서는 당연한 일이다. 그래서 이 사주는 일반사주로 용신인 인성 앞에 희신과는 반대지만 용신과는 친한 관성이 이용육친으로 나오는 것이다. 그래서 (관성)인성생비견격이 된다.

시주	일주	월주	년주
癸	癸	丙	乙
亥	巳	戌	卯

* 오행비율 - 수성: 1.2, 화성: 1.2, 목성: 1.2, 금성: 0.84, 토성: 0.36

* 일주강약 - 2.04 신강

* 음양차이 - 음기: 2.04, 양기: 2.4, 중성: 0.36

* 녹현방정식 - 목성, 화성, 수성수치가 1.2로 같다. 그러나 월지가 戌 월이라 수성이 제일 강하다. 수성이 화성을 억제, 목성과 토성이 구제오행, 구제오행이 식상과 관성으로 모두 사주 내에서 활동하고 있다. 신강약으로는 구제오행을 선택할 수 없으므로 음양의 차이를 살핀다. 양기가 음기보다 0.36 높지만, 1.1 이하라 음양의 차이가 없다. 그래서 수치가 강한 오행을 구제오행으로 선택하는 것이 효율적이다. 그래서 목성에게 화성을 구하라고 한다(1차 방정식). 목성을 억제하는 금성은 수치는 있으나 토성 안에 있으므로 억제할 수 없다. 그래서 여기서 공식은 끝난다. 그래서 용신은 목성으로 식상, 희신은 화성으로 재성이므로 격국은 식상생재성격이다. 식상이 용신이 된 것은 신강한 사주에서는 당연한 일이다. 그래서 이 사주는 일반사주로 용신인 식상 앞에 희신과는 반대지만 용신과는 친한 비견이 이용육친으로 나오는 것이다. 그래서 (비견)식상생재성격이 된다.

◯ 진가사주(眞假四主)

일반사주는 신강이면 식상, 관성, 재성을, 신약이면 비견, 인성을 구제오행으로 선택한다. 그런데 진가사주는 일간이 신강인데도 인성이나 비견을 구제오행으로, 일간이 신약인데도 식상, 관성, 재성을 구제오행으로 선택하는 경우이다. 이런 선택을 할 수밖에 없는 상황에 놓인다. 이유를 알아보자.

신강한 일간은 마땅히 일간의 기운을 빼내거나 억제하는 식상, 재성, 관성으로 구제오행으로 선택해야 하는데, 그 육친들이 사주 내에 없거나 활동하지 않아 어쩔 수 없이 일간을 도와주는 인성, 비견으로 구제오행을 선택한 것이다. 신약한 일간도 일간의 기운을 도와주는 인성, 비견으로 구제오행으로 선택해야 하는데, 그 육친들이 사주 내에 없거나 활동하지 않아 어쩔 수 없이 일간의 기운을 억제하거나 빼내 가는 식상, 재성, 관성으로 구제오행을 선택한 것이다.

진가사주는 일간이 진정 원해서가 아니라 어쩔 수 없이 선택한 사주인 것이다. 그래서 일간이 진정 원하는 구제오행은 진용신, 일간이 어쩔 수 없이 사용한 구제오행은 가용신이란 의미에서 진가사주라 명명했다. 이렇듯 태어날 때부터 일간이 진정 사용하고픈 오행은 사용할 수 없고, 어쩔 수 없이 다른 오행으로 구제오행을 사용하는 경우라 항상 허전함과 허무함을 느낄 수밖에 없다. 이런 구조적인 문제로 인해 일반사주처럼 용신 앞에 이용육친을 활용하지 못한다. 가용신을 사용하면서도 늘 진용신을 바라기에 순간적일지라도 100% 만족한다는 의사 표현을 잘하지 못한다. 이런 진가사주의 소유자는 10명 중 3~4명 정도이다.

진가사주 도표

가용신+희신+(진용신)	가용신+희신+(진용신)
관성생인성격(비견)	재성보식상격(비견)
인성생비견격(식상)	식상보비견격(인성)
비견생식상격(재성)	비견보인성격(관성)
재성생관성격(인성)	인성보관성격(재성)

시주	일주	월주	년주
甲	丙	癸	乙
午	子	未	丑

* 오행비율 - 화성: 1.84, 수성: 1.5, 토성: 1.06, 목성: 0.4, 금성: 0

* 일주강약 - 2.24 신강

* 음양차이 - 음기: 2.2, 양기: 2.6, 중성: 0

* 녹현방정식 - 화성이 금성을 억제, 토성과 수성이 구제오행, 구제오행이 식상과 관성이므로 음양차이를 살핀다. 양기가 음기보다 0.4 많지만, 1.1 이하이기에 음양의 차이는 없는 것이다. 그래서 수치가 높은 수성을 구제오행으로 선택하는 것이 효율적이다(1차 방정식). 그런데 토성이 수성을 억제, 금성과 목성이 구제오행, 신강이므로 금성에게 부탁해야 하나, 사주 내에 없으므로 할 수 없이 신강한 일간을 도와주는 목성을 구제오행으로 선택한다(2차 방정식). 그리고 공식은 끝난다. 마지막 공식에서 일간이 사용하고픈 구제오행은 사주 내에서 활동하지 않거나 없고, 어쩔 수 없이 다른 오행을 구제오행으로 선택하는 사주가 진가사주이다. 사주 상에서 사용하는 구제오행인 목성은 가용신으로 인성, 희신은 수성으로 관성, 그리고 일간이 진정 사용하고자 했던 진용신은 금성으로 재성이다. 그래서 격국은 인성보관성격(재성)이 된다.

시주	일주	월주	년주
壬	乙	戊	癸
午	酉	午	丑

* 오행비율 - 화성: 2.2, 금성: 1, 토성: 0.9, 수성: 0.7, 목성: 0

* 일주강약 - 2.4 신강

* 음양차이 - 음기: 2.4, 양기: 2.2, 중성: 0.2

* 녹현방정식 - 화성이 금성을 억제, 토성과 수성이 구제오행, 신약한 일간이라 일간을 도와주는 수성을 구제오행으로 선택한다(1차 방정식). 그런데 토성이 수성을 억제, 금성과 목성이 구제오행, 신약이므로 목성에게 부탁해야 하나, 사주 내에 없으므로 할 수 없이 일간의 기운을 억제하는 금성을 구제오행으로 선택한다(2차 방정식). 금성을 억제하는 화성은 1차 때 억제역할을 했으므로 공식은 여기서 끝난다. 마지막 공식에서 일간이 진정 사용하고픈 구제오행은 사주 내에서 활동하지 않거나 없어, 어쩔 수 없이 다른 오행을 구제오행으로 선택했으므로 이 사주는 진가사주이다. 사주 상에서 사용하는 구제오행인 금성은 가용신으로 관성, 희신은 수성으로 인성, 그리고 일간이 진정 사용하고자 했던 진용신은 목성으로 비견이다. 그래서 격국은 관성생인성격(비견)이 된다.

시주	일주	월주	년주
庚	己	乙	戊
午	卯	丑	辰

* 오행비율 - 목성: 1.7, 토성: 1.06, 화성: 1, 수성: 0.84, 금성: 0.2

* 일주강약 - 1.4 신강

* 음양차이 - 음기: 1.4, 양기: 2.7, 중성: 0.7

* 녹현방정식 - 목성이 토성을 억제, 화성과 금성이 구제오행, 신강한 일간이라 금성을 구제오행으로 선택한다(1차 방정식). 그런데 화성이 금성을 억제, 토성과 수성이 구제오행, 신강이므로 수성에게 부탁해야 하나, 사주 내에 수치는 있지만 토성 안에 있으므로 할 수 없이 일간을 도와주는 화성을 구제오행으로 선택한다(2차 방정식). 수성수치는 있지만, 토성 안에 있어 화성을 억제하지 못하므로 공식은 여기서 끝난다. 마지막 공식에서 일간이 진정 사용하고픈 구제오행을 선택하지 못하고, 어쩔 수 없이 다른 오행을 구제오행으로 선택했으므로 이 사주는 진가사주이다. 사주 상에서 사용하는 구제오행인 토성은 가용신으로 비견, 희신은 금성으로 식상, 그리고 일간이 진정 사용하고자 했던 진용신은 수성으로 재성이다. 그래서 격국은 비견생식상격(재성)이 된다.

◯ 병약사주(病藥四主)

일반사주나 진가사주는 구제오행이 사주 상에 활동하고 있는 사주이다. 그러나 병약사주는 구제오행이 없다. 억제오행에 의해 피해오행만 있을 뿐이다. 이 얼마나 슬픈 일인가. 진가사주처럼 할 수 없이 사용하는 구제오행도 없으니 말이다. 그럼에도 불구하고 일간은 피해오행으로 용신을 삼는다.

그러나 용신은 늘 억제오행에 의해 상처를 받고 있으므로 병(病) 이 들었다는 의미에서 병신(病神)으로 부른다. 그리고 병신을 치료할 수 있는 두 가지 구제오행을 약(藥)이란 의미에서 약신(藥神)이라 부른다. 약신에서 1약신과 2약신이 존재한다. 두 가지 구제오행 중 일간이 진정 사용하고픈 오행은 1약신, 나머지 구제오행은 2약신이 된다. 병약사주는 구제오행이 없어서인지 늘 자신감과 결단력이 부족하다. 이런 병약사주의 소유자는 20명 중 1~2명 정도이다.

병약사주 도표

(2약신)+병신+(1약신)	(2약신)+병신+(1약신)
(관성)인성격(비견)	(재성)식상격(비견)
(인성)비견격(식상)	(식상)비견격(인성)
(비견)식상격(재성)	(비견)인성격(관성)
(식상)재성격(관성)	(인성)관성격(재성)
(재성)관성격(인성)	(관성)재성격(식상)

시주	일주	월주	년주
辛	丙	乙	戊
卯	戌	丑	申

* 오행비율 - 금성: 1.7, 목성: 1.2, 토성: 1.06, 수성: 0.84, 화성: 0

* 일주강약 - 1.2 신약

* 음양차이 - 음기: 2.9, 양기: 1.2, 중성: 0.7

* 녹현방정식 - 금성이 목성을 억제, 수성과 화성이 구제오행, 화성은 없고, 수성수치는 있지만 토성 안에 들어있어 활동하지 못한다. 그래서 금성에 의해 피해 보고 있는 목성을 구하지 못한다(1차 방정식). 공식은 끝나고, 피해 보고 있는 목성인 인성이 용신이 되지만, 병이 심하게 들어있다는 의미에서 병신이라 한다. 그리고 구제오행인 수성과 화성이 약신이 되는데, 신약한 일간이기에 화성인 비견이 1약신, 수성인 관성이 2약신이 된다. 격국은 (관성)인성격(비견)이 된다.

시주	일주	월주	년주
辛	辛	辛	己
卯	丑	未	未

* 오행비율 - 토성: 1.56, 화성: 1.54, 목성: 1, 금성: 0.4, 수성: 0.3

* 일주강약 - 1.96 신강

* 음양차이 - 음기: 1.4, 양기: 3.2, 중성: 0.2

* 녹현방정식 - 토성이 수성을 억제, 금성과 목성이 구제오행, 신강이므로 목성을 구제오행으로 선택한다(1차 방정식). 금성이 목성을 억제. 수성과 화성이 구제오행. 수성과 화성의 수치는 다 있으나 토성 안에 들어있으므로 활동할 수가 없다(2차 방정식). 그래서 피해오행만 있고 구제오행은 없는 사주가 되었다. 피해만 보고 있는 목성은 재성, 1약신은 사주 내에 음기가 부족한지라 수성으로 식상, 2약신은 화성으로 관성이다. 그래서 격국은 (관성)재성격(식상)이 된다.

시주	일주	월주	년주
戊	甲	己	乙
辰	子	卯	亥

* 오행비율 - 목성: 2.1, 수성: 2, 토성: 0.7, 화성: 0, 금성: 0
* 일주강약 - 2 신강
* 음양차이 - 음기: 2, 양기: 2.1, 중성: 0.7
* 녹현방정식 - 목성이 토성을 억제, 화성과 금성이 구제오행, 그런데 화성과 금성은 사주 내에 없다(1차 방정식). 피해만 보고 있는 토성은 재성, 1약신은 사주 내에 음기가 부족한지라 금성으로 관성, 2약신은 화성으로 식상이다. 그래서 격국은 (식상)재성격(관성)이 된다.

⭕ 무격사주(無格四主)

병약사주는 구제오행이 없어도 피해오행은 있다. 그런데 피해오행
조차 없는 것이 무격사주이다. 그렇다면 사주 안에는 억제오행 그리
고 억제오행을 돕는 오행만 있다는 말이 된다. 그래서 필자는 틀(구조
나 그릇)이 이뤄지지 않았다는 의미에서 무격(無格)이라 부른다.

무격사주는 사주 내에 길신(용신과 회신)은 없고, 흉신(억제오행과 그
것을 생하는 오행)만 있다. 이렇게 되면 주위의 도움을 받지 못한다.
삶에 필요한 모든 것을 혼자서 해결해야 하므로 육체적, 심리적인
고통이 크다. 그래서 무격사주는 인덕이 없다고 했다. 마치 자급자
족하듯이 살아야 한다. 이런 무격사주의 소유자는 1,000명 중
5~10명 정도이다.

시주	일주	월주	년주
戊	辛	庚	戊
戊	酉	申	申

* 오행비율 - 금성: 4.1, 토성: 0.7, 목성: 0, 화성: 0, 수성: 0

* 일주강약 - 4.8 신강

* 음양차이 - 음기: 4.1, 양기: 0, 중성: 0.7

* 녹현방정식 - 금성이 목성을 억제, 수성과 화성이 구제오행, 그런데 수성과 화성은 사주 내에 없다. 이뿐만 아니라 피해를 보고 있는 목성조차 없다. 오로지 억제오행인 금성과 금성을 도와주는 토성만 있을 뿐이다. 이렇게 되면 격국을 이루기가 어렵다. 그래서 용신도, 희신도 없는 것이다. 그럼에도 불구하고 만물의 영장이기에 가칭 격국은 이뤄야 한다. 그러자면 피해오행인 목성, 구제오행인 수성과 화성이 다 있다고 가정하고 길신을 찾아야 한다. 그래서 음기밖에 없으므로 양기인 화성에게 목성을 구하라고 할 것이다. 용신은 화성으로 관성, 희신은 목성으로 재성이므로 격국은 관성보재성격이라 한다.

시주	일주	월주	년주
己	丙	戊	丙
丑	辰	戌	午

* 오행비율 - 토성: 1.96, 화성: 1.2, 금성: 0.84, 수성: 0.5, 목성: 0.3

* 일주강약 - 1.5 신강

* 음양차이 - 음기: 1.84, 양기: 1.5, 중성: 1.46

* 녹현방정식 - 토성이 수성을 억제, 금성과 목성이 구제오행, 금성과 목성수치는 다 있다. 그런데 토성 안에 들어있어 활동하지 못한다. 피해오행인 수성 역시 토성 안에 있어 활동하지 못한다. 결국 피해오행 수성, 구제오행 금성과 목성은 없는 것과 같다. 그래서 격국은 이루지 못했다. 그럼에도 불구하고 사람이기에 격국을 이뤄야 한다. 피해오행인 수성, 구제오행인 금성과 목성이 다 있다고 가정하고 길신을 찾아야 한다. 그래서 용신은 금성으로 재성, 희신은 수

성으로 관성이므로 격국은 재성생관성격이다.

시주	일주	월주	년주
丙	乙	丙	戊
戌	巳	辰	辰

* 오행비율 - 토성: 1.56, 목성: 1.54, 화성: 1.4, 금성: 0.3, 수성: 0

* 일주강약 - 1.54 신강

* 음양차이 - 음기: 0.3, 양기: 2.94, 중성: 1.56

* 녹현방정식 - 토성이 수성을 억제, 금성과 목성이 구제오행, 금성과 목성수치
는 다 있다. 그런데 토성 안에 들어있어 활동하지 못한다. 피해오행인 수성도
없다. 그래서 피해오행 수성, 구제오행 금성과 목성은 없는 것과 같다. 그래서
격국은 이루지 못했다. 그럼에도 불구하고 사람이기에 격국을 이뤄야 한다. 피
해오행인 수성, 구제오행인 금성과 목성이 다 있다고 가정하고 길신을 찾아야
한다. 신강이므로 금성에게 수성을 구하라고 한다. 그래서 용신은 금성으로 관
성, 희신은 수성으로 인성이므로 격국은 관성생인성격이다.

◯ 운 순위(運 順位)

속담에 이르기를 '사주를 잘 타고나는 것보다는 운이 좋은 것이 낫다!'라는 말이 있다. 즉 사주보다는 운이 더 좋아야만 삶을 더 알차고 즐겁게 살 수 있다는 의미이다. 그만큼 운이 매우 중요하다는 말이다. 운에는 모두 4종류로 대운, 세운, 월운, 일운이 그것이다. 4종류의 운을 100이라 했을 때, 대운은 80, 세운은 15, 월운과 일운은 5 정도이다. 그런데 사람이 느끼는 운의 영향력은 대운보다는 세운을, 세운보다는 월운을, 월운보다는 일운에 더 민감하게 반응한다. 그러나 사주를 추론함에 있어서는 대운과 세운만 살피는 것이 바람직하다.

80% 정도의 힘을 가진 대운의 흐름은, 지구 사계절의 변화가 아니라 우주기운의 순환을 의미하고 있다. 寅卯辰 목성의 시기는 따뜻한 기운, 巳午未 화성의 시기는 뜨거운 기운, 申酉戌 금성의 시기는 싸늘한 기운, 亥子丑 수성의 시기는 차가운 기운의 흐름이다. 그래서 대운 천간의 기운은 거의 살피지 않고, 대운 지지의 기운만을 살피는 것이 옳은 방식이다. 그리고 대운의 순위는 1등부터 4등까지 분류한다. 1등과 2등의 시기에는 원하는 삶을 살게 되고, 3등과 4등의 시기에는 원하지 않은 삶을 살게 된다. 또한, 대운은 기

의 흐름이기에 흔히 살피는 합충파해 등도 살피지 않는다.

15% 정도의 힘을 가진 세운은 우주기운의 변화가 아니라 한 해, 한 해의 기운을 의미한다. 역시 천간보다는 지지를 중심으로 살피기에 순위 역시 1등부터 4등까지 나뉜다. 1등과 2등의 해에는 자신이 원하는 일들이, 3등과 4등의 해에는 원하지 않았던 일들이 일어난다.

대운과 세운과의 관계를 정리하면, 대운이 1~2등의 시기인데 세운도 1~2등이면 자동차가 고속도로를 시속 120km로 막힘없이 신나게 달리는 것과 같다. 대운이 1~2등에 세운은 3~4등이라면 자동차가 고속도로를 달리되, 차가 많아 제 속도를 내지 못하거나, 앞에 사고가 나서 제 속도를 내지 못하고 달리는 것과 같다. 그럼에도 불구하고 고속도로 위에 있으므로 멈추지 않고 달리고 있다. 그러나 대운이 3~4등의 시기인데 세운도 3~4등이라면 자동차가 국도를 달리고 있는데, 신호등에 걸려 차가 섰거나, 사고나 나서 차가 옴짝달싹도 못 하는 상황이다. 대운이 3~4등의 시기인데 세운이 1~2등이면 그나마 자동차가 국도를 시속 60km 이하로 천천히 달리고 있는 상황이라 생각하면 될 것 같다.

운 순위를 정할 때 고려해야 할 점은 생과 극이다. 생과 극 중에서 생의 역할을 먼저 살핀다. 항상 생을 먼저 한 다음에 극을 하지, 극을 한 다음에 생을 하지는 않는다. 그래서 사주의 길신을 생하는 오행을 먼저 찾는 것이 운 순위를 정하는 데 있어 도움이 된다. 생하는 오행이 없을 때는 극하는 오행을 찾는다. 일반사주일 때의 운 순위와 진가사주 그리고 병약사주일 때의 운 순위를 설명한다.

시주	일주	월주	년주
庚	癸	癸	丙
申	**未**	巳	午

* 오행비율 - 화성: 3.1, 금성: 1.2, 토성: 0.3, 수성: 0.2, 목성: 0

* 일주강약 - 1.4 신강

* 음양차이 - 음기: 1.4, 양기: 3.4, 중성: 0

* 녹현방정식 - 화성이 금성을 억제, 토성과 수성이 구제오행, 신강이므로 토성
  을 선택한다(1차 방정식). 토성을 억제하는 목성이 없으므로 공식은 끝난다.
  신강한 일간이 토성인 관성으로 용신을 선택했으므로 일반사주이다. 그래서
  격국은 (재성)관성생인성격이다.

　운 순위는 용신인 토성이 1등, 희신인 금성이 2등, 나머지 운 순
위는 지지의 길신(未, 申)을 보고 정한다. 먼저 길신을 생하는 오행
이 3등이다. 未 토성 길신을 화성이 생하므로 화성이 3등이다. 3
등을 차지한 화성(巳, 午)이 지지에 있으므로 화성을 생하는 목성이
4등이다. 나머지 남은 수성은 5등이 된다. 그러나 지지엔 토성의
시기가 없으므로 토성이 차지한 운 순위는 제외한다. 그래서 2등
을 차지한 금성의 운이 1등, 3등을 차지한 화성의 운이 2등, 4등을
차지한 목성의 운이 3등, 나머지 수성의 운이 4등이 된다.

시주	일주	월주	년주
庚	戊	**丙**	癸
申	寅	**辰**	亥

* 오행비율 - 목성: 1.84, 수성: 1.2, 금성: 1.2, 토성: 0.36, 화성: 0.2

* 일주강약 - 0.56 신약

* 음양차이 - 음기: 2.4, 양기: 2.04, 중성: 0.36

* 녹현방정식 - 목성이 토성을 억제, 화성과 금성이 구제오행, 신약이므로 화성을 선택한다(1차 방정식). 수성이 화성을 억제, 목성과 토성이 구제오행, 신약이므로 토성을 선택한다(2차 방정식). 신약한 일간이 토성인 비견으로 용신을 선택했으므로 일반사주이다. 그래서 격국은 (식상)비견보인성격이다.

운 순위는 용신인 토성이 1등, 희신인 화성이 2등, 나머지 운 순위는 지지의 길신(辰)을 보고 정한다. 나머지 금성, 수성, 목성이 남았다. 남은 오행 중에 길신을 생하는 오행은 없다. 그렇다면 길신인 辰과 친한 오행인 금성이 3등이다. 수성과 목성 중 辰 길신을 억제하는 목성을 5등으로, 수성을 4등으로 정한다. 마찬가지로 토성의 순위는 제외하면 화성이 1등, 금성이 2등, 수성이 3등, 목성이 4등이 된다.

시주	일주	월주	년주
壬	甲	癸	甲
申	戌	酉	寅

* 오행비율 - 금성: 2.9, 목성: 1.2, 수성: 0.4, 토성: 0.3, 화성: 0

* 일주강약 - 1.6 신강

* 음양차이 - 음기: 3.3, 양기: 1.2, 중성: 0.3

* 녹현방정식 - 금성이 목성을 억제, 수성과 화성이 구제오행, 신강이지만 화성이 없어 수성을 선택한다(1차 방정식). 토성이 수성을 억제, 금성과 목성이 구제오행, 신강이므로 금성을 선택한다(2차 방정식). 신강한 일간이 금성인 관성으로 용신을 선택했으므로 일반사주이다. 그래서 격국은 (재성)관성생인성격이다.

운 순위는 용신인 금성이 1등, 희신인 수성이 2등, 나머지 운 순위는 지지의 길신(申, 酉)을 보고 정한다. 금성을 생하는 토성이 3등이며, 3등을 차지한 戌 토성이 지지에 있으므로 토성을 생하는 화성이 4등이다. 나머지 목성이 5등이 된다. 토성이 차지한 순위를 제외하면 금성이 1등, 수성이 2등, 화성이 3등, 목성이 4등이 된다.

시주	일주	월주	년주
壬	甲	乙	丁
申	戌	巳	未

* 오행비율 - 화성: 2.1, 금성: 1.5, 토성: 0.8, 목성: 0.2, 수성: 0.2

* 일주강약 - 0.4 신약

* 음양차이 - 음기: 1.7, 양기: 2.6, 중성: 0.5

* 녹현방정식 - 화성이 금성을 억제, 토성과 수성이 구제오행, 신약이므로 수성을 선택한다(1차 방정식). 토성이 수성을 억제, 금성과 목성이 구제오행, 신약이므로 목성을 선택한다(2차 방정식). 금성이 목성을 억제, 수성과 화성이 구제오행, 신약이므로 수성을 선택한다(3차 방정식). 신약한 일간이 수성인 인성으로 용신을 선택했으므로 일반사주이다. 그래서 격국은 (관성)인성생비견격이다.

운 순위는 용신인 수성이 1등, 희신인 목성이 2등, 나머지 운 순위는 천간의 길신(壬, 乙)을 보고 정한다. 壬 수성을 생하는 금성이 3등이고, 3등을 차지한 申 금성이 지지에 있으므로 그것을 생하는 토성이 4등이다. 나머지 화성이 5등이다. 토성이 차지한 운 순위를 제외하면 수성이 1등, 목성이 2등, 금성이 3등, 화성이 4등이 된다.

시주	일주	월주	년주
丙	戊	甲	己
辰	申	戌	巳

* 오행비율 - 금성: 1.84, 토성: 1.26, 화성: 1.2, 목성: 0.5, 수성: 0

* 일주강약 - 2.46 신강

* 음양차이 - 음기: 1.84, 양기: 1.7, 중성: 1.26

* 녹현방정식 - 금성이 목성을 억제, 수성과 화성이 구제오행, 신강이므로 수성
을 선택해야 하는데, 사주 내에 없으므로 할 수 없이 화성을 선택한다(1차 방
정식). 신강한 일간이 화성인 인성으로 용신을 선택했으므로 진가사주이다. 그
래서 격국은 인성보관성격(재성)이다.

진가사주의 운 순위는 항상 진용신이 1등, 희신이 2등, 가용신이
3등이다. 3등과 4등은 길신을 보고 정한다. 이 사주에서는 진용신
인 수성이 1등, 희신인 목성이 2등, 가용신인 화성이 3등, 하나 남
은 금성이 4등이 된다.

시주	일주	월주	년주
乙	甲	壬	乙
亥	寅	午	卯

* 오행비율 - 목성: 2.4, 화성: 1.2, 수성: 1.2, 토성: 0, 금성: 0

* 일주강약 - 3.6 신강

* 음양차이 - 음기: 1.2, 양기: 3.6, 중성: 0

* 녹현방정식 - 목성이 토성을 억제, 화성과 금성이 구제오행, 금성은 없으므로 음양의 차이를 논하지 않고 화성을 구제오행으로 선택한다(1차 방정식). 수성이 화성을 억제, 목성과 토성이 구제오행, 신강이라서 토성을 선택하고 싶은데, 사주 내에 없으므로 할 수 없이 목성을 구제오행으로 선택한다(2차 방정식). 신강한 일간이 목성인 비견으로 용신을 선택했으므로 진가사주이다. 그래서 격국은 비견생식상격(재성)이다.

진가사주는 진용신인 토성이 1등, 희신인 화성이 2등, 가용신인 목성이 3등, 지지의 길신을 생하는 수성이 4등, 하나 남은 금성은 5등이 된다. 그러나 지지엔 토성의 운은 없으므로 화성이 1등, 목성이 2등, 수성이 3등, 금성이 4등이 된다.

시주	일주	월주	년주
辛	丁	壬	甲
亥	亥	申	寅

* 오행비율 - 수성: 2.2, 금성: 1.4, 목성: 1.2, 화성: 0, 토성: 0

* 일주강약 - 1.2 신약

* 음양차이 - 음기: 3.6, 양기: 1.2, 중성: 0

* 녹현방정식 - 수성이 화성을 억제, 목성과 토성이 구제오행, 신약이므로 목성
  을 구제오행으로 선택한다(1차 방정식). 금성이 목성을 억제, 수성과 화성이 구
  제오행, 신약이라서 화성을 선택하고 싶은데, 사주 내에 없으므로 할 수 없이
  수성을 구제오행으로 선택한다(2차 방정식). 신약한 일간이 수성인 관성으로
  용신을 선택했으므로 진가사주이다. 그래서 격국은 관성생인성격(비견)이다.

 진가사주는 진용신인 화성이 1등, 희신인 목성이 2등, 가용신인
수성이 3등, 나머지 남은 금성이 4등이 된다. 진가사주의 대운은
이렇게 정하지만, 세운의 순위는 조금 다르다. 대운시기가 진용신
대운에 머물 때는 세운순위도 대운순위와 똑같지만, 대운시기가
진용신 대운에 머물지 않을 때는 가용신 세운이 1등, 희신 세운이
2등, 나머지는 길신의 생과 극으로 세운 순위를 정한다.
 이 사주의 경우, 진용신인 화성의 시기(巳午未)에는 대운순위와 똑
같이 세운순위도 화성이 1등, 희신인 목성이 2등, 가용신인 수성이
3등, 나머지 남은 금성이 4등이 된다. 그러나 진용신 화성의 시기

(巳午未)를 제외한 대운시기(寅卯辰申酉戌亥子丑)의 세운순위는 수성이 1등, 목성이 2등, 길신을 생하는 금성이 3등, 하나 남은 화성이 4등이 되는 것이다.

시주	일주	월주	년주
甲	丁	己	庚
辰	未	丑	戌

* 오행비율 - 토성: 2.26, 수성: 0.84, 목성: 0.7, 금성: 0.7, 화성: 0.3

* 일주강약 - 1 신약

* 음양차이 - 음기: 1.9, 양기: 1.7, 중성: 1.2

* 녹현방정식 - 토성이 수성을 억제, 금성과 목성이 구제오행, 신약이므로 목성을 구제오행으로 선택한다(1차 방정식). 금성이 목성을 억제, 수성과 화성이 구제오행, 그러나 수성과 화성은 수치만 있지 토성 안에 들어있으므로 구제오행 역할을 할 수가 없다(2차 방정식). 피해 보는 오행인 목성만 있을 뿐이니 이 사주는 병약사주이다. 그래서 병신은 목성으로 인성, 1약신은 화성으로 비견, 2약신은 수성으로 관성이므로 격국은 (관성)인성격(비견)이다.

병약사주는 1약신이 1등, 병신이 2등, 2약신은 3등이며 나머지는 길신을 보고 결정한다. 이 사주에서는 1약신인 화성이 1등, 병신인 목성이 2등, 2약신인 수성이 3등, 나머지 남은 금성이 4등이 된다.

시주	일주	월주	년주
癸	癸	甲	壬
丑	卯	辰	寅

* 오행비율 - 목성: 3.04, 수성: 0.9, 토성: 0.86, 화성: 0, 금성: 0

* 일주강약 - 0.9 신약

* 음양차이 - 음기: 1.4, 양기: 3.04, 중성: 0.36

* 녹현방정식 - 목성이 토성을 억제, 화성과 금성이 구제오행, 그러나 화성과 금성이 사주 내의 없으므로 구제오행이 없다(1차 방정식). 피해 보는 오행인 토성만 있을 뿐이니 이 사주는 병약사주이다. 그래서 병신은 토성으로 관성, 1약신은 금성으로 인성, 2약신은 화성으로 재성이므로 격국은 (재성)관성격(인성)이다.

병약사주이므로 1약신인 금성이 1등, 병신인 토성이 2등, 2약신인 화성이 3등, 길신을 억제하는 목성이 5등, 하나 남은 수성이 4등이다. 토성을 제외하면 금성이 1등, 화성이 2등, 수성이 3등, 목성이 4등이 된다.

시주	일주	월주	년주
丁	辛	辛	癸
酉	巳	酉	巳

* 오행비율 - 금성: 2.4, 화성: 2.2, 수성: 0.2, 토성: 0, 목성: 0

* 일주강약 - 2.4 신강

* 음양차이 - 음기: 2.6, 양기: 2.2, 중성: 0

* 녹현방정식 - 금성이 목성을 억제, 수성과 화성이 구제오행, 구제오행이 식상 과 관성이고, 사주 내에 모두 있으므로 음양의 차이를 살핀다. 음양의 차이가 0.4로 1.1 이하이므로 둘 중 수치가 강한 화성을 구제오행으로 선택한다(1차 방정식). 수성이 화성을 억제, 목성과 토성이 구제오행, 그러나 사주 내에 없으 므로 구제오행이 없다. 그래서 피해오행만 있는 것이므로 병약사주이다. 병신 은 화성으로 관성, 1약신은 목성으로 재성, 2약신은 토성으로 인성이므로 격 국은 (인성)관성격(재성)이다.

병약사주는 1약신인 목성이 1등, 병신인 화성이 2등, 2약신인 토 성이 3등, 길신을 억제하는 수성이 5등, 하나 남은 금성이 4등이 된다. 토성을 제외하면 목성이 1등, 화성이 2등, 금성이 3등, 수성 이 4등이 된다.

시주	일주	월주	년주
壬	癸	壬	壬
子	卯	寅	寅

* 오행비율 - 목성: 3.2, 수성: 1.6, 화성: 0, 토성: 0, 금성: 0

* 일주강약 - 1.6 신강

* 음양차이 - 음기: 1.6, 양기: 3.2, 중성: 0

* 녹현방정식 - 목성이 토성을 억제, 화성과 금성이 구제오행, 그러나 화성과 금성은 사주 내에 없을 뿐 아니라 피해 보고 있는 토성조차 없다. 이렇게 구제오행과 피해오행이 모두 없으면 무격사주이다. 그럼에도 격국은 이뤄야 한다. 그래서 용신으로는 화성으로 재성을, 희신은 토성으로 관성이라 가칭 격국은 재성생관성격이다.

무격사주의 운 순위는 가칭 용신이 1등, 희신이 2등, 억제역할을 하는 오행이 5등, 억제오행을 생하는 오행을 4등, 하나 남은 오행이 3등이다. 이 사주에서는 용신인 화성이 1등, 희신인 토성이 2등, 억제오행인 목성이 5등, 억제오행을 생하는 수성이 4등, 하나 남은 금성이 3등이 된다. 토성순위를 제외하면 화성이 1등, 금성이 2등, 수성이 3등, 목성이 4등이다.

⭕ 육친(六親)

육친이란 태어나 성장하고 늙고 생을 마치는 과정에서 자신과 밀접한 관계를 이루는 가족관계와 대인관계, 나아가 성격성향 및 직업성향 등 인간사와 세상사 모든 것과 연관되어 있다. 여기서는 좁게 얘기하겠다.

자신(일간)을 생 해주는 오행을 일컬어 인성이라고 부른다(生我者印星). 인성이란 육친은 남녀 공히 자신을 낳아준 부모에 비유된다. 부모는 자식이 고생하지 않고 편안하고 안정되게 살길 바란다. 돈 싫어하는 사람이 없을지언정 부모는 자식이 고생하면서까지, 남에게 욕을 들으면서까지 돈만 바라며 살라고는 하지 않는다. 그래서 인성이란 육친은 현 사회체계 안에서 살면서 될 수 있으면 고상하고 안정적으로, 평화로우면서 지적으로, 이성적인 모습을 많이 담고 있는 것으로 표현한다. 또한, 남에게 비치는 이미지를 중시해 인간적인 동정심과 인내심을 최대한 발휘한다. 그리고 신분상승을 위해 배울 수 있는 만큼 배워 인정을 받는다.

* 포괄적인 인성의 의미: 식욕, 이성적, 안정, 체면, 의무, 도리, 신중, 향학열, 신분, 평화, 현명함, 고상, 존경, 동정심, 생산적, 인내심, 내향적, 의존적, 지적, 걱정, 설득

자신(일간)과 같은 오행을 일컬어 비견이라고 부른다(比和者比肩). 비견이란 육친은 자신과 남녀 공히 형제 또는 친구에 비유된다. 그래서 혼자보다는 다 함께 어울려 살기를 좋아한다. 함께 일하고 나누며 세속적이지 않은 삶을 바란다. 덕분에 공적인 관계보다는 사적인 관계를 중시하며, 인간적인 정과 의리가 깊다. 비견이란 육친은 현 사회체제 안에서 부귀영화를 위해 경쟁하거나 속물이 되기보다는 함께 어울리고 도와가는 삶을 살고자 한다. 또한, 자신의 생활공간에 피해만 주지 않으면 남의 생활에도 간섭하지 않는다. 그리고 이기적인 생활보다는 이타적인 생활을 좋아하므로 지인들의 청탁이나 부탁을 잘 거절하지 못하는 것이 가장 큰 특징이다.

* 포괄적인 비견의 의미: 수면욕, 이타적, 의리, 순진함, 공동체, 품앗이, 유유자적, 인간적, 종교, 도, 건강, 평상심, 무술, 운동, 자의식, 우정, 신외지물, 여유, 내세 중시

자신(일간)이 생 해주는 오행을 일컬어 식상이라 부른다(我生者食傷). 식상이란 육친은 여자에겐 자식, 남자에게 장인, 장모로, 남녀 공히 아랫사람 또는 부하로 비유된다. 아랫사람이나 부하들은 자신이 챙겨야 하는 것으로, 봉사와 희생이 따른다. 식상이란 육친은 현 사회체제에서의 구태의연한 모든 것들을 개선하거나 개혁하려는 성향을 지녔다. 그리고 모든 사람들이 자유롭고 이롭게 살아갈 수 있도록 늘 새로운 방향으로 삶을 이끈다. 무엇이든 있는 그대로

를 받아들이지 않고, 항상 호기심 어린 시선으로 바라본다. 그래서 새로운 변화를 꾀하려는 개혁정신과 모험정신이 뛰어나며, 자신만이 최고라는 자부심이 강한 것이 특징이다.

* 포괄적인 식상의 의미: 성욕, 자유, 독립, 능동적, 활동적, 봉사, 희생, 자존심, 모험, 혁신, 상상력, 호기심, 개방, 자율적, 공격적, 낙천적, 개혁, 관찰, 창조

　자신(일간)이 억제하는 오행을 일컬어 재성이라 부른다(我剋者財星). 재성이란 육친은 여자에겐 시부모, 남자에게 사랑과 아내로, 남녀 공히 이성 친구에 비유된다. 그리고 돈에 비유된다. 돈이 많아지면 삶을 재밌고 즐겁게, 예술적이고 낭만적으로 살고자 한다. 그리고 돈을 벌기 위해서 시간을 낭비하는 것을 결코 좋아하지 않아 늘 바쁘게 산다. 재성이란 육친은 매우 현실적이기에 실속 있는 삶을 좋아한다. 그리고 늘 아름답고 멋지고 화려한 삶을 좋아하기에 유행과 분위기에 민감하다. 더욱이 멋진 이성 친구와의 만남과 사교에 많은 시간을 활용한다. 특히 열정적이고 낭만적이라 순간의 감정에 몰입되는, 그래서 감정의 기복이 심한 것이 특징이다.

* 포괄적인 재성의 의미: 재물욕, 예술, 화려함, 유행, 감정적, 낭만적, 열정적, 허영, 사치, 사교적, 외향적, 도박, 유혹적, 소유욕, 현실성, 즐거움, 이성 친구

　자신(일간)을 억제하는 오행을 일컬어 관성이라고 부른다(剋我者官

星). 관성이란 육친은 여자에겐 사랑과 남편, 남자에게 자식, 남녀 공히 윗사람, 상사에 비유된다. 또한 법과 질서를 주관하는 기관에 비유된다. 그래서 근면 성실하고 모범적으로 살아간다. 누가 지켜보지 않더라도 스스로 통제하거나 자제하면서 말이다. 관성이란 육친은 현 사회체계에서 한 치의 빗나감이나 모자람도 없는 완벽한 생활로 남들에게 믿음과 신뢰감을 준다. 그런 다음 명예와 권위를 얻어 출세하고자 한다. 그리고 악법도 법이라고 철두철미하게 지키며, 윗사람에게는 절대복종을, 아랫사람에게는 권위를 내세우는 것이 특징이다.

* 포괄적인 관성의 의미: 명예욕, 법, 책임감, 조직적, 성실함, 수구적, 상명하복, 질서, 자제, 관리 감독, 신뢰, 권위, 통제, 관습, 획일적, 완벽, 수동적, 원칙적

육친 도표

	甲乙일간	丙丁일간	戊己일간	庚辛일간	壬癸일간
비견	甲乙	丙丁	戊己	庚辛	壬癸
인성	壬癸	甲乙	丙丁	戊己	庚辛
관성	庚辛	壬癸	甲乙	丙丁	戊己
재성	戊己	庚辛	壬癸	甲乙	丙丁
식상	丙丁	戊己	庚辛	壬癸	甲乙

○ 오신(五神)

　오신이란 용신(用神), 희신(喜神), 기신(忌神), 구신(仇神), 한신(閑神)을 말한다. 녹현역학에서는 마지막 구제오행이 용신이고, 마지막 피해 오행이 희신이다. 그리고 용신과 희신만 정해지면 나머지 기신, 구신, 한신은 저절로 정해진다. 오신 중에 일간이 가장 중요하게 생각하고 좋아하는 것은 용신과 희신이다. 그래서 용·희신 육친의 성향으로 성격형성, 심리형성, 직업성향, 가족관의 호불호, 대인관계 등 삶의 모든 부분이 정해진다.

　일간(나)은 용신과 희신에 해당하는 육친은 무조건 좋아한다. 설령 그 육친들이 자신에게 물질적·정신적 피해를 입혀도 미워할 수가 없다. 그래서 그들이 부탁하는 것은 무엇인지 들어주고자 한다. 왜냐하면 그들과 가까이하지 않는 삶은 생각할 수가 없어서다. 그러나 기신과 구신에 해당하는 육친은 좋아하지 않는다. 설령 그 육친들이 물질적·정신적 이득을 주어도 좋아할 수가 없다. 그래서 그들과 가까이하더라도 진정으로 기뻐할 수가 없는 것이다.

　용신은 명리학에서 가장 중요한 의미를 지닌 것으로 간주했음에도 불구하고, 용신을 찾는 방식은 가장 모호하게 되어 있다. 한 가지 방식으로 통일된 것이 아니라서 한 사람의 사주팔자를 가지고도 학파나 역학자 주관에 따라 용신이 여러 가지 오행으로 나오기도 한다. 그리고 용신이 어떤 작용을 하는지도 명확히 밝혀져 있지도 않다. 그러나 녹현역학에서는 한 가지 용신만 나오며, 쓰임새도 정확히 밝혀져 있다.

용신이란 사주팔자 여덟 글자 중에서도 일간에게 없어서는 안 될 매우 중요한 오행이다. 예를 들어, 좁은 땅인데 나무를 많이 심었다. 그러면 자라면서 뿌리나 가지가 서로 뒤엉킬 것이고, 나뭇잎들도 제대로 양분을 흡수하지 못해 온전히 성장하는 데 많은 지장을 받을 것이다. 또한 그로 인해 땅도 쓸모없는 땅으로 변질될 가능성도 있고, 나무들도 좋은 나무로 자라기 어려울 것이다. 이런 상태를 해결할 방법을 찾아야 한다. 그래서 밭에 어울릴 만큼의 나무만 남기고 나머지 나무들은 없애야 하는데, 그 방법으로는 도끼로 나무를 베어버리든지, 아니면 불로 나무를 태우든지 해야 한다. 이러한 작업을 하는 것이 바로 용신이다.

희신이란 용신이 구해준 오행으로 용신을 생하거나 용신의 생을 받는 오행이다. 용신과 희신의 관계를 한마디로 정리하면, 희신이 몸이고 용신은 방패라 할 수 있다. 몸을 보호하기 위해 방패가 있지 않은가. 쓰임새는 용신인 방패에 있지만, 비중은 희신인 몸에 있는 것이다. 그래서 용신과는 떼려야 뗄 수 없는 관계에 있기에, 희신이 조금이라도 피해를 입으면 용신이 피해를 당하는 것보다 더 큰 상처를 입을 수도 있다.

기신이란 용신을 억제하는 오행으로 일간에게 이롭지 못한 역할을 한다. 그래서 기신에 해당하는 육친은 일간이 좋아하지 않는다. 앞서 불이나 도끼 중에 하나를 선택해 나무를 없앤다고 했다. 일간이 불을 선택해 나무를 태운다고 하자. 그런데 불을 끄려는 물이 가까이 온다면 어떻게 되겠는가. 일간(나)은 싫어할 것이다. 바로 용신인 불의 역할을 방해하려는 물은 기신이 되는 것이다. 그러므로 일간이 어찌 좋아할 수 있겠는가 말이다. 만약 도끼로 나무를 베어버리는 것을 일간이 선택했다고 하자. 도끼는 날이 서야만 나무를 잘 베는데, 불이 다가와 쇠(도끼)를 녹인다면 어떻게 되겠는가. 여기선 불은 기신이 되는 것이다.

구신이란 희신을 억제하는 오행으로, 기신과 같이 일간에게 이롭지 못한 역할을 한다. 그래서 구신에 해당하는 육친은 결코 일간이 좋아하지 않는다. 그리고 한신은 용신, 희신, 기신, 구신을 제외한 남은 오행이다. 그래서 일간이 좋아하지도, 싫어하지도 않는 육친이다. 그런데 이런 한신이 사주팔자의 구성에 따라 일간에게 이롭게 또는 해롭게 작용하기도 한다.

시주	일주	월주	년주
壬	戊	**戊**	庚
子	**辰**	子	申

* 오행비율 - 수성: 2.4, 금성: 1.2, 토성: 0.7, 목성: 0.5, 화성: 0

* 일주강약 - 0.7 신약

* 음양차이 - 음기: 3.6, 양기: 0.5, 중성: 0.7

* 녹현방정식 - 수성이 화성을 억제, 목성과 토성이 구제오행, 신약이므로 토성을 구제오행으로 선택한다(1차 방정식). 토성을 억제하는 목성은 수치는 있지만, 토성 안에 있으므로 공식은 끝난다. 신약사주인데 용신이 비견이므로 일반사주이고, 이용하는 육친인 식상이 용신 앞에 나온다. 그래서 용신인 토성으로 비견, 희신은 인성이므로 격국은 (식상)비견보인성격이 된다. 운 순위는 토성이 1등, 화성이 2등, 금성이 3등, 수성이 4등, 목성이 5등이다. 그러나 지지엔 토성의 운은 없으므로 화성이 1등, 금성이 2등, 수성이 3등, 목성이 4등이된다. 그래서 일간(나)은 용신인 비견과 희신은 인성에 속한 육친 해당자를 좋아한다. 그리고 기신은 비견을 억제하는 관성, 구신은 인성을 억제하는 재성, 마지막 남은 식상이 한신이 된다.

* 오신 - 용신: 비견, 희신: 인성, 기신: 관성, 구신: 재성, 한신: 식상

시주	일주	월주	년주
甲	癸	甲	己
寅	卯	戌	巳

* 오행비율 - 목성: 2.4, 화성: 1, 금성: 0.84, 토성: 0.56, 수성: 0

* 일주강약 - 0.84 신약

* 음양차이 - 음기: 0.84, 양기: 3.4, 중성: 0.56

* 녹현방정식 - 목성이 토성을 억제, 화성과 금성이 구제오행, 신약이므로 금성을 구제오행으로 선택하고 싶으나, 수치만 있지 활동하지 못하므로 어쩔 수 없이 화성을 선택한다(1차 방정식). 화성을 억제하는 수성이 없으므로 공식은 끝

난다. 신약사주이므로 인성이나 비견으로 용신은 선택해야 하나, 화성인 재성으로 선택했으므로 진가사주가 된다. 그래서 가용신은 화성으로 재성, 희신은 토성으로 관성, 진용신은 금성으로 인성이므로 격국은 재성생관성격(인성)이 된다. 대운 순위는 진용신인 금성이 1등, 희신인 토성이 2등, 가용신인 화성이 3등, 목성이 4등, 수성이 5등이다. 그러나 토성의 운은 없으므로 금성이 1등, 화성이 2등, 목성이 3등, 수성이 4등이 된다. 진가사주의 오신을 구하는 방법은 일반사주와 같지만, 일간이 좋아하는 육친은 다르다. 이 사주에서 용신은 재성, 희신은 관성, 기신은 비견, 구신은 식상, 한신은 인성이다. 그러나 용신인 재성은 가용신으로, 진용신인 인성이 없어서 선택한 것이다. 오로지 희신인 관성을 구하기 위해서 말이다. 그래서 일간(나)은 가용신인 재성을 좋아하지 않고, 희신인 관성과 진용신인 인성을 좋아하게 된다.

* 오신 - 용신: 재성(가), 희신: 관성, 기신: 비견, 구신: 식상, 한신: 인성(진)

시주	일주	월주	년주
癸	丙	壬	癸
巳	午	戌	丑

* 오행비율 - 화성: 2, 수성: 1.1, 토성: 0.86, 금성: 0.84, 목성: 0

* 일주강약 - 2 신강

* 음양차이 - 음기: 2.44, 양기: 2, 중성: 0.36

* 녹현방정식 - 화성이 금성을 억제, 토성과 수성이 구제오행, 음양의 차이를 살펴 수성을 구제오행으로 선택한다(1차 방정식). 토성이 수성을 억제, 금성과 목성이 구제오행, 금성수치는 있지만 토성 안에 있고, 목성은 아예 없다(2차 방

정식). 그래서 피해오행만 있고, 구제오행이 없는 병약사주가 되었다. 1약신은 금성으로 재성, 2약신은 목성으로 인성, 병든 용신은 관성이므로 격국은 (인성)관성격(재성)이다. 대운 순위는 1약신인 금성이 1등, 희신인 수성이 2등, 2약신인 목성이 3등, 화성이 4등이 된다. 병약사주의 오신을 구하는 방법은 약간 다른데, 그것은 희신이 없기 때문에 구신도 존재하지 않는다. 그래서 병신은 관성, 1약신은 재성, 2약신은 인성, 병신을 억제하는 식상은 기신, 나머지 남은 비견은 한신이다. 병약사주에서 일간(나)이 좋아하는 육친은 1약신과 병신이며, 2약신은 좋아하지 않는다.

* 오신 - 병신: 관성, 1약신: 재성, 2약신: 인성, 기신: 식상, 한신: 비견

⃝ 복덕(福德)

현재까지도 역학계에서는 복과 덕에 대한 개념이 정리되어 있지 않다. 그래서 대다수의 역학자들은 복과 덕을 아무런 생각 없이 받아들이고 설명한다. 그래서 '처복이 있다'와 '처덕이 있다'는 말을 같은 의미로 해석한다. 언뜻 들으면 같은 뜻이라 생각하기 쉽다. 그러나 복과 덕과는 엄청난 차이가 존재한다. 그것을 알기 위해 복과 덕의 개념부터 살펴보자.

복(福)이란 한자의 뜻은, 음식과 술을 차려 제사를 지내 하늘로부터 복을 받는다는 의미와 행복하다는 의미가 담겨 있다. 하늘로부터 복을 받으니까 행복하다? 이 말의 뜻은 세상의 부귀영화하고는 관련이 적고, 마음의 평온과 즐거움과는 관련이 깊다고 볼 수 있다. 그렇다면 복이란 것은 형이상학적인 의미가 강하다. 물질적인 만족보다는 정신적인 만족을 느끼는 것이 형이상학이기 때문이다. 그래서 복이란 눈으로 보거나 손으로 만져질 수 없어도 마음으로 느낄 수 있는 것임을 알 수 있다.

그렇다면 사주 상으로 일간(나)이 행복할 수 있는 조건은 무엇일까? 바로 일간이 좋아하는 오행들을 가까이하는 것이다. 일간이 좋아하는 오행이란, 바로 용신과 희신인 길신을 말함이다. 그래서 길신이 의미하는 육친들과 가까이 지내면 일간은 행복해진다는 거다. 그래서 처복이 있다고 하는 것은, 처를 좋아한다는 것이고 처와 가까이 있으면 행복해진다는 것을 의미한다. 만에 하나 처가 손해를 끼쳐도 자신과 가까이 있어야만 마음이 놓이고 행복하지, 멀리 있게 되면 행복감은 사라진다. 부모복도 마찬가지이다. 자신이 부모를 좋아한다는 것이고, 부모를 가까이해야만 행복하다는 거다. 부모가 손해를 끼쳐도 자신의 옆에 있어야 마음이 놓이고 행복하지, 멀리 있게 되면 행복감은 사라진다.

덕(德)이란 한자의 뜻은 크다, 베풀다, 선행, 은혜의 의미가 담겨 있다. 그리고 덕의 의미를 정확히 알려주는 글귀가 있다. 군자는 덕을 쌓아야 한다는 말이다. 마음에서 우러나오지 않아도 군자이기에 덕을 쌓아라? 이런 말이 왜 생겼을까? 바로 자신의 안위 때문이다. 언제 어떻게 될지 모르는 시대이기에 군자라면 누구에게나 덕을 베풀라? 언제인지 모르지만 자신이 위태로울 때 도움을 받기 위해서다. 그래서 덕이란 형이하학적인 것을 의미한다. 눈으로 보이거나 손으로 만질 수 있는 세상의 부귀영화인 것이다.

사주 상에서의 덕은 무엇으로 알 수 있을까? 바로 용신과 희신인 길신들의 위치이다. 길신들이 도표에 배분된 자리에 위치하면 해당하는 육친의 덕을 본다는 거다. 부모복은 없지만 부모덕이 있는 것은 인성이 길신은 아니지만 월주에 길신이 있음을 의미한다. 그래서 부모를 좋아하지는 않지만 부모로부터 물질적인 도움을 받는다. 남편복은 있으나 남편덕이 없다는 것은 남편을 의미하는 관성이 길신이지만, 남편자리인 일지에 길신이 없다는 거다.

덕 도표

시주	일주	월주	년주
자식	자신	부모	조부모
	배우자	형제	조상

여성

시주	일주	월주	년주
壬	己	甲	乙
申	巳	申	未

* 오행비율 - 금성: 2.2, 화성: 1.5, 토성: 0.5, 목성: 0.4, 수성: 0.2

* 일주강약 - 2 신강

* 음양차이 - 음기: 2.4, 양기: 2.4, 중성: 0

* 녹현방정식 - 금성이 목성을 억제, 수성과 화성이 구제오행, 신강이라 수성을 구제오행으로 선택한다(1차 방정식). 토성이 수성을 억제, 금성과 목성이 구제오행, 음양의 차이가 1.1 이하이므로 수치가 강한 금성을 구제오행으로 선택한다(2차 방정식). 화성이 금성을 억제, 토성과 수성이 구제오행, 신강이라 수성을 구제오행으로 선택한다(3차 방정식). 일반사주로 용신은 수성으로 재성, 희신은 금성으로 식상이다. 그래서 격국은 (관성)재성보식상격이 된다. 그리고 운 순위는 수성이 1등, 금성이 2등, 화성이 3등, 목성이 4등이다.

* 오신 - 용신: 재성, 희신: 식상. 기신: 비견, 구신: 인성, 한신: 관성

일반사주는 용신과 희신을 좋아한다. 복은 재성과 식상이 의미하는 육친에 있고, 덕은 월주와 시주에 있다. 그래서 시부모와 자식을 좋아하고, 덕은 부모와 자식으로부터 받는다.

남성

시주	일주	월주	년주
丙	甲	丙	己
寅	子	子	酉

* 오행비율 - 수성: 2.2, 목성: 1, 금성: 1, 화성: 0.4, 토성: 0.2
* 일주강약 - 3.2 신강
* 음양차이 - 음기: 3.2, 양기: 1.4, 중성: 0.2
* 녹현방정식 - 수성이 화성을 억제, 목성과 토성이 구제오행, 신강이라 토성을 선택한다(1차 방정식). 목성이 토성을 억제, 화성과 금성이 구제오행, 음양의 차이가 1.11 이상이므로 화성을 구제오행으로 선택한다(2차 방정식). 일반사주로 용신은 화성으로 식상, 희신은 토성으로 재성이다. 그래서 격국은 (비견)식상생재성격이 된다. 운 순위는 화성이 1등, 목성이 2등, 수성이 3등, 금성이 4등이다.
* 오신 - 용신: 식상, 희신: 재성, 기신: 인성, 구신: 비견, 한신: 관성

일반사주는 용신과 희신을 좋아한다. 복은 식상과 재성이 의미하는 육친에 있고, 덕은 연월시의 천간에 있다. 그래서 처와 장인, 장모를 좋아하고, 덕은 조부모, 부모, 자식으로부터 받는다. 그러나 길신이 천간에만 있으므로 덕의 크기는 크지 않다. 천간 3개를 다 합쳐도 지지 1개만도 못하기 때문이다.

남성

시주	일주	월주	년주
癸	戊	丙	己
亥	午	子	巳

* 오행비율 - 수성: 2.4, 화성: 2.2, 토성: 0.2, 목성: 0, 금성: 0

* 일주강약 - 2.4 신강

* 음양차이 - 음기: 2.4, 양기: 2.2, 중성: 0.2

* 녹현방정식 - 수성이 화성을 억제, 목성과 토성이 구제오행, 신강이라 목성을 선택하고 싶었으나 사주에 있지 않으므로 할 수 없이 토성을 구제오행으로 선택한다(1차 방정식). 진가사주로 가용신은 토성으로 비견, 희신은 화성으로 인성, 진용신인 관성이다. 그래서 격국은 비견보인성격(관성)이 된다. 그리고 운순위는 목성이 1등, 화성이 2등, 금성이 3등, 수성이 4등이다.

* 오신 - 용신: 비견(가), 희신: 인성, 기신: 관성(진), 구신: 재성, 한신: 식상

진가사주는 진용신과 희신을 좋아한다. 그래서 복은 관성과 인성이 의미하는 육친에 있고, 덕은 연주와 일주에 있다. 그래서 자식과 부모를 좋아하고, 덕은 조부모(조상)와 처로부터 받는다.

여성

시주	일주	월주	년주
壬	壬	戊	戊
寅	寅	午	辰

* 오행비율 - 목성: 2.5, 화성: 1.2, 토성: 0.9, 수성: 0.2, 금성: 0
* 일주강약 - 0.2 신약
* 음양차이 - 음기: 0.2, 양기: 3.7, 중성: 0.9
* 녹현방정식 - 목성이 토성을 억제, 화성과 금성이 구제오행, 신약이라 금성을 선택하고 싶었으나 사주에 있지 않으므로 할 수 없이 화성을 구제오행으로 선택한다(1차 방정식). 진가사주로 가용신은 화성으로 재성 희신은 토성으로 관성, 진용신은 금성으로 인성이다. 그래서 격국은 재성생관성격(인성)이 된다. 그리고 운 순위는 금성이 1등, 화성이 2등, 목성이 3등, 수성이 4등이다.
* 오신 - 용신: 재성(가), 희신: 관성, 기신: 비견, 구신: 식상, 한신: 인성(진)

진가사주는 진용신과 희신을 좋아한다. 그래서 복은 관성과 인성이 의미하는 육친에 있고, 덕은 연주와 월주에 있다. 그래서 남편과 부모를 좋아하고, 덕은 조부모(조상)와 부모로부터 받는다.

여성

시주	일주	월주	년주
癸	戊	己	乙
丑	寅	卯	卯

* 오행비율 - 목성: 3.4, 수성: 0.7, 토성: 0.7, 화성: 0, 금성: 0

* 일주강약 - 0.7 신약

* 음양차이 - 음기: 1.2, 양기: 3.4, 중성: 0.2

* 녹현방정식 - 목성이 토성을 억제, 화성과 금성이 구제오행, 그러나 화성과 금성은 사주 상 없으므로 토성을 구할 수가 없다(1차 방정식). 병약사주로 1약신은 화성으로 인성, 병신은 토성으로 비견, 2약신은 금성으로 식상이다. 그래서 격국은 (식상)비견격(인성)이 된다. 운 순위는 화성이 1등, 금성이 2등, 수성이 3등, 목성이 4등이다.

* 오신 - 병신: 비견, 1약신: 인성, 2약신: 식상, 기신: 관성, 한신: 재성

병약사주는 1약신과 병신을 좋아한다. 그래서 복은 인성과 비견이 의미하는 육친에 있고, 덕은 시주에 있다. 그래서 부모와 형제를 좋아하고, 덕은 자식으로부터 받는다.

4장

녹현역 중급

⚫ 심성체질(心性體質)

　대다수의 독자들은 심성체질이란 용어가 생소할 것이다. 명리학에서는 사용하지 않은 용어이기 때문이다. 녹현방정식에서 나온 구제오행과 피해오행은 용신과 희신으로 일간(나)이 좋아하는 오행이다. 그런데 심성체질의 오행은 일간이 좋아하지 않으면서도 일간(나) 삶의 대부분에 지대한 영향을 미치고 있다. 도대체 심성체질이 무엇이기에 길신도 아니면서 삶의 대부분을 차지하고 있을까?

　우선 찾는 방법을 알아보자. 한 가지 오행의 수치가 1.6 이상이면 심성체질에 걸린다. 사주 전체의 수치가 4.8인데, 3분의 1인 1.6 이상이 되면 일간은 그 오행에게 끌려간다. 싫든 좋든 관계없이 무조건 심성체질 오행이 이끄는 대로 살 수밖에 없다. 한 가지 오행 수치가 1.6 이상이 된다는 것은 사주 내에서 막강한 힘을 지닌 것이다. 일간은 심성체질의 영향력에서 벗어나 길신이 바라는 대로의 삶을 살고 싶으나, 사주 전체의 3분의 1을 차지한 심성체질이 가만히 바라만 보고 있지 않는다.

　그러나 토성은 수치로만 1.6이 넘는 경우가 드물다. 다른 오행들은 지지에 2개 정도만 있으면 수치가 2가 되는데 말이다. 토성은 지지에 4개가 있어도 수치로는 1.26밖에 되지 않아서다. 그래서 다른 오행들과의 형평성을 고려해 토성은 개수가 최소 지지에 2개 + 천간에 2개 이상만 된다면 수치가 1.6이 되지 않아도 심성체질에 걸린다.

심성체질이란 본능, 욕망, 감정, 욕심, 집착 등으로 보편타당한 상식과 논리 그리고 이성적인 판단이 통하지 않는 동물적인 본능이다. 감정적이고 본능적인, 자제나 절제가 되지 않는 동물적인 행동을 그대로 표출하기에 심성체질(心性體質)이라 명명했다. 마음이 가는 대로, 아무 거리낌 없이, 감정에 따라 움직이는 모습으로서 가장 원초적인 행동을 의미한다.

한 가지 오행만 1.6이 넘는 경우만 있는 것이 아니다. 두 가지 오행의 수치가 1.6이 넘는 경우도 있고, 세 가지 오행의 수치가 1.6이 되는 경우도 있다. 그래서 한 가지 체질로 나타나는 5종류와 두 가지 체질로 나타나는 10종류 그리고, 세 가지 체질로 나타나는 10종류와 1.6이 넘지 않는 5종류 등 모두 30종류의 심성체질이 존재한다.

○ 한 가지 체질(一體質)

한 가지 오행수치가 1.6이 넘는 경우이다. 모두 5종류로 각각의 특성을 알아보자.

관성체질

관성의 수치가 1.6 이상인 경우이다. 관성의 특성은 자기절제이다. 왜 자제 또는 절제해야 하는가? 그것은 남보다 좀 더 잘나 보이기 위해서다. 그러려면 못난 행동이나 모습을 보이지 말아야 한다. 누가 시켜서가 아니라 스스로 오버하지 않고 욕먹지 않고자 해서다. 관성체질은 남보다 앞서 명예·권위적으로 높은 위치에 오르고, 타의 모범이 되고자 맡은 책임을 다하여 믿음과 신뢰감을 준다. 그래서 스스로 알아서 움직이기보다는 윗사람의 명령이나 지시를 받아 움직인다. 관성은 남자에게는 자식, 여자에게는 남자다. 남자는 자식에게, 여자는 남자에게 끌려간다는 거다. 좋아하지도 않으면서 남자는 자식을 위해서, 여자는 남자를 위해서 사는 모습이란 것이다. 즉 자식의 눈치를 보거나, 남자의 눈치를 보는 삶인 것이다.

인성체질

인성의 수치가 1.6 이상인 경우이다. 인성의 특성은 생각 많음이다. 왜 생각이 많아야 하는가? 그것은 남의 이목이 두려워서다. 어떻게 평가할지 두려워 섣불리 행동으로 옮기지 못하는 거다. 인성체질은 남보다 더 이성적이고 고상하고, 윤리 도덕적으로 완벽 하고자 지적인 수준을 높인다. 그래서 사사로운 감정을 표현하기보다는 인내하는 것은 기본이고, 값싼 동정심도 발휘한다. 인성은 부모다. 남녀와 같이 부모에게 이끌린다. 그래서 남자는 어릴 적 마마보이, 여자는 공주란 소리를 듣는다. 스스로 나서서 하기보다는 부모가 해주길 바라서다. 더 많은 것을 바라기에 부모가 기뻐할 수 있도록 공부하는 모습을 보인다. 그래서 남녀 모두 부모의 눈치를 보는 삶인 것이다.

비견체질

비견의 수치가 1.6 이상인 경우이다. 비견의 특성은 욕심이 없음이다. 왜 욕심이 없는 것일까? 그것은 남과 함께 어울리며 나누기를 좋아해서다. 그래서 부귀영화보다는 인간답게 살자는 거다. 비견체질은 타인을 배려하고 이해하며, 심신의 건강을 최우선적으로 여긴다. 또한 모두가 공존할 수 있는 이상적인 사회를 만들고, 누구보다 강한 의리와 우정을 드러낸다. 비견은 형제나 친구다. '친구 따라 강남 간다.'는 속담이 있듯, 남을 잘 따른다. 남녀가 똑같다. 형제자매는 잘되기를 바라지만, 친구들은 반드시 그렇지만은 않다. 그래서 비견체질의 소유자는 친구들의 영향을 많이 받는다. 여자인 경우는 훗날 친정의 영향을 많이 받기에 친정의 재산 상태에 따라 행과 불행이 엇갈린다. 즉 남자는 형제(친구)의 눈치를 보거나, 여자는 친정의 눈치를 보는 삶인 것이다.

식상체질

식상의 수치가 1.6 이상인 경우이다. 식상의 특성은 의심 많음이다. 왜 의심이 많아야 하는가? 그것은 남을 믿지 못해서다. 남을 믿지 못하므로 모든 것을 자신이 직접 해봐야만 한다. 그래서 식상 체질은 몸을 사리지 않는다. 항상 호기심이 가득하고, 남들 하지 않는 것에 주목한다. 그래서 삶의 변화가 많고 안정적이지 않다. 용의 꼬리보다는 뱀의 머리를 택하기에 전문성, 창의성, 카리스마가 없어서는 안 된다. 식상은 남자에게는 처갓집, 여자에게는 자식이다. 그래서 남자는 처갓집의 영향을 받고, 여자는 자식에게 끌려간다. 요즘은 장인, 장모랑 같이 사는 사위도 많고, 남편과는 사이가 나빠도 자식 때문에 사는 여자들도 많다. 즉 남자는 처갓집의 눈치를 보거나, 여자는 자식의 눈치를 보는 삶인 것이다.

재성체질

재성의 수치가 1.6 이상인 경우이다. 재성의 특성은 이기적인 거다. 왜 이기적이어야 하나? 그것은 세상 누구보다 자기 자신이 소중해서다. 자신이 소중하므로 주위의 이목과 인기를 받아야 한다.

재성체질은 현실감각이 뛰어나다. 사는 동안 인기도 얻고 이목을 끌려면 재밌고 즐겁게 살아야 한다. 그러자면 돈이 필요하다. 그래서 누구보다 열심히 돈을 모은다. 재성은 남자에게는 아내, 여자에게는 시부모다. 체질은 좋아하는 것이 아니라 끌려간다고 했다. 그래서 남자는 아내에게, 여자는 시부모에게 끌려간다는 것이다. 아내 앞에만 서면 애처가지만, 밖에서는 인기남이고, 여자는 시부모 재산 여부에 따라 행과 불행이 엇갈린다. 즉 남자는 아내의 눈치를 보거나, 여자는 시부모의 눈치를 보는 삶인 것이다.

⬤ 두 가지 체질(二體質)

두 가지 오행수치가 1.6이 넘는 경우이다. 두 가지 오행이 서로 생하는 심성체질이 5종류와 두 가지 오행이 서로 극하는 심성체질이 5종류이다. 모두 10종류로 각각의 특성을 알아보자.

인성+비견체질

인성과 비견의 수치가 각각 1.6 이상이다. 인성은 비견을 도와주므로 친한 관계다. 인성과 비견체질의 특성을 알려면 먼저 재성의 성향을 파악해라. 재성과 반대가 되는 성향이 바로 인성과 비견체질의 합쳐진 성향이기 때문이다. 재성의 특성은 이기적이다. 세상 누구보다 자신이 소중한, 그래서 자신만 재밌고 즐겁게 사는 성향이다. 그렇다면 그것과 반대가 되는 성향은 자신보다 남이 더 소중하기에 배려하고 이해하며 함께 일하고 나누는 공동체적인 것이다. 또한, 현실보다는 내세를 중시하므로 다음 생을 위해 건강한 몸과 정신을 지키는 성향이다.

비견+식상체질

비견과 식상의 수치가 각각 1.6 이상이다. 비견은 식상을 도와주므로 친한 관계다. 비견과 식상체질의 특성을 알려면 먼저 관성의 성향을 파악하라. 그것과 반대가 되는 성향이 바로 비견과 식상체질의 합친 성향인 것이다. 관성의 특성은 자기절제다. 남들의 모범이 되는, 기존 체제나 질서에 순응하여 권위를 찾는 성향이다. 그렇다면 그것과 반대가 되는 성향은 자기 자신에 대한 존엄성과 구태나 기존의 것을 개혁, 개방하여 모두가 평등하게 사는 것이다. 또한, 가치 있는 삶과 삶의 질을 높이기 위해 과감한 모험과 변화를 주는 성향이다.

식상+재성체질

식상과 재성의 수치가 각각 1.6 이상이다. 식상은 재성을 도와주므로 친한 관계다. 식상과 재성체질의 반대가 되는 인성의 성향을 파악하라. 그것과 반대되는 성향이 바로 식상과 재성체질의 합친 성향인 것이다. 인성의 특성은 생각 많음이다. 윤리 도덕적인 모습을 보이는, 남의 이목을 중시해 감정표출을 자제하는 성향이다. 그렇다면 그것과 반대가 되는 성향은 자신의 감정에 충실한 채, 유쾌하고 즐겁게 사는 것이다. 그러자면 물질적인 풍요로움이 뒤따라야 하므로 실속을 잘 챙긴다. 또한, 짧게 굵으면서도 낭만이 있고 예술이 살아 숨 쉬는 성향이다.

재성+관성체질

재성과 관성의 수치가 각각 1.6 이상이다. 재성은 관성을 도와주므로 친한 관계다. 재성과 관성의 반대가 되는 비견의 성향을 먼저 파악하라. 그것과 반대되는 성향이 바로 재성과 관성체질의 합친 성향인 것이다. 비견의 특성은 욕심 없음이다. 속물이 되지 않는 그래서 누구나 좋아하는 부귀영화도 혼자가 아닌 다 함께 나누는 성향이다. 그렇다면 그것과 반대가 되는 성향은 세상 모든 부귀영화를 혼자서 다 누리는 것이다. 그래서 남보다는 자신이 더 많이, 더 높은 곳에 있어야만 한다. 또한, 자기애가 강한지라 이성들로부터 많은 인기를 받는 성향이다.

관성+인성체질

관성과 인성수치가 각각 1.6 이상이다. 관성은 인성을 도와주므로 친한 관계다. 관성과 인성의 반대가 되는 식상의 성향을 먼저 파악하라. 그것과 반대되는 성향이 바로 관성과 인성체질의 합친 성향인 것이다. 식상의 특성은 의심 많음이다. 호기심 왕성해 스스로 해봐야 하는, 그래서 모험과 도전은 물론, 변화와 개혁을 하는 성향이다. 그렇다면 그것과 반대가 되는 성향은 스스로가 아닌, 누군가의 지시나 명령에 의해 움직이는 것이다. 그리고 남에게 인정받고 존경받고자 향학열을 불태운다. 또한, 상명하복식의 질서가 유지되고, 신분이 높아지기만을 바라는 성향이다.

식상↔관성체질

식상과 관성의 수치가 각각 1.6 이상이다. 그런데 식상과 관성체질은 상생 관계가 아닌, 억제의 관계로 서로 합쳐질 수가 없다. 그래서 식상의 모습을 보이다가 관성의 모습을 보인다. 그래서 반항적인 모습을 보이다가, 순순히 따르는 모습, 그러다가 다시 반항하고 다시 또 순응하고, 이런 행동을 되풀이한다. 이렇게 갈팡질팡하는 모습이 식상과 관성체질인 것이다. 그래서 변화 대 관습, 욕정 대 절제, 일탈 대 현실, 독립적 대 조직적, 남편 대 자식(여자)으로 행동이 이리 왔다 저리 갔다 한다.

관성↔비견체질

관성과 비견의 수치가 각각 1.6 이상이다. 그런데 관성과 비견체질은 상생 관계가 아닌 억제의 관계로 서로 합쳐질 수 없다. 그래서 관성의 모습을 보이다가 비견의 모습을 보인다. 그래서 책임감 있는 모습을 보이다가 어느 순간 무책임한 모습으로, 그러다가 다시 최선을 다하다가, 다시 또 나태해진 행동을 되풀이한다. 이렇게 갈팡질팡하는 모습이 관성과 비견체질인 것이다. 그래서 근면성실 대 유유자적, 가정 대 바깥, 공적 관계 대 사적 관계, 남편 대 친구(여자) 등의 행동으로 오락가락한다.

비견↔재성체질

비견과 재성의 수치가 각각 1.6 이상이다. 그런데 비견과 재성체질은 상생 관계가 아닌 억제의 관계로 서로 합쳐질 수 없다. 그래서 비견의 모습을 보이다가 재성의 모습을 보인다. 재물을 모으기 위해 타고난 능력을 개발하고 경쟁력 있는 모습을 보이다가 어느 순간 욕심 버리고 나그네·참인간다운 모습으로, 그러다가 다시 세속적으로 돌아오고, 다시 또 속물이 되지 않는 행동을 되풀이한다. 이렇게 갈팡질팡하는 모습이 비견과 재성체질인 것이다. 그래서 형이상학 대 형이하학, 현실 대 이상, 소유 대 무소유, 아내 대 친구(남자), 친정 대 시댁(여자)으로 행동이 왔다 갔다 한다.

재성↔인성체질

재성과 인성의 수치가 각각 1.6 이상이다. 그런데 재성과 인성체질은 상생 관계가 아닌 억제의 관계로 서로 합쳐질 수 없다. 그래서 재성의 모습을 보이다가 인성의 모습을 보인다. 도덕을 지키기 위해 이미지를 관리하는 모습을 보이다가 어느 순간 감정을 표출해 버리고, 그러다가 다시 인내하는 모습으로 돌아오고, 다시 또 감정적으로 변하는 행동을 되풀이한다. 이렇게 갈팡질팡하는 모습이 재성과 인성체질인 것이다. 그래서 이성적 대 감정적, 화려함 대 소박함, 의무 대 쾌락, 지적 호기심 대 예술적 호기심, 부모 대 아내(남자)로의 행동이 오락가락한다.

인성↔식상체질

인성과 식상의 수치가 각각 1.6 이상이다. 그런데 인성과 식상체질은 상생 관계가 아닌 억제의 관계로 서로 합쳐질 수 없다. 그래서 인성의 모습을 보이다가 식상의 모습을 보인다. 명분을 지키기 위해 관망하거나 지켜보다가 어느 순간 참견하거나 개입하고, 그러다가 다시 관망하는 모습으로 돌아오고, 다시 또 참견하는 행동을 되풀이한다. 이렇게 갈팡질팡하는 모습이 인성과 식상체질인 것이다. 그래서 관망 대 개입, 이미지 관리 대 막무가내, 인내 대 욕정, 이목 대 유아독존, 친가 대 처가(남자)로의 행동이 오락가락한다.

◯ 세 가지 체질(三體質)

세 가지 오행수치가 1.6이 넘는 경우이다. 세 가지 오행이 서로 생하는 심성체질이 5종류, 세 가지 오행이 서로 극하는 심성체질이 5종류이다. 모두 10종류로 각각의 특성을 알아보자.

인성+비견+식상

인성과 비견 그리고 식상의 수치가 각각 1.6 이상이다. 인성과 식상체질과는 서로 극하는 사이지만, 그들의 중간에 비견체질이 들어가 있는 바람에 서로 극하지 않고 생하는 체질이 되었다. 이런 세 가지 체질일 경우, 처음엔 남들을 이해하고 배려하기에 조용히 남의 뒤를 따른다. 그러나 마지막엔 남들의 앞에 나서 모든 것들을 개혁하고 개방하여 삶의 질을 높이고자 하는 성향이다.

비견+식상+재성

비견과 식상 그리고 재성의 수치가 각각 1.6 이상이다. 비견과 재성체질과는 서로 극하는 사이지만, 그들의 중간에 식상체질이 들어가 있는 바람에 서로 극하지 않고 생하는 체질이 되었다. 이런 세 가지 체질일 경우, 처음엔 남들의 앞에 나서 모든 것들을 개혁하고 개방하여 삶의 질을 높인다. 그러나 마지막엔 자신의 이익과 실리를 따지고, 삶을 좀 더 낭만적이고 재밌게 사는 성향이다.

식상+재성+관성

식상과 재성 그리고 관성의 수치가 각각 1.6 이상이다. 식상과 관성체질과는 서로 극하는 사이지만, 그들의 중간에 재성체질이 들어가 있는 바람에 서로 극하지 않고 생하는 체질이 되었다. 이런 세 가지 체질일 경우, 처음엔 자신의 이익과 실리를 따지고, 삶을 좀 더 낭만적이고 재밌게 산다. 그러나 마지막엔 남보다 나은 물질적 풍요와 권위가 서는 명예를 가지고자 하는 성향이다.

재성+관성+인성

재성과 관성 그리고 인성의 수치가 각각 1.6 이상이다. 재성과 인성체질과는 서로 극하는 사이지만, 그들의 중간에 관성체질이 들어가 있는 바람에 서로 극하지 않고 생하는 체질이 되었다. 이런 세 가지 체질일 경우, 처음엔 남보다 나은 물질적 풍요와 권위가 서는 명예를 가진다. 그러나 마지막엔 남보다 한 차원 높은 학문과 지식을 인정받고, 존경받는 신분을 가지고자 하는 성향이다.

관성+인성+비견

관성과 인성 그리고 비견의 수치가 각각 1.6 이상이다. 관성과 비견체질과는 서로 극하는 사이지만, 그들의 중간에 인성체질이 들어가 있는 바람에 서로 극하지 않고 생하는 체질이 되었다. 이런 세 가지 체질일 경우, 처음엔 남보다 한 차원 높은 학문과 지식을 인정받고, 존경받는 신분을 지닌다. 그러나 마지막엔 인간적인 의리와 정을 베풀고, 모두 함께 모여 일하고 나누며 살자는 성향이다.

인성+비견↔재성

인성과 비견 그리고 재성의 수치가 각각 1.6 이상이다. 인성과 비견체질은 서로 생하는 사이지만, 재성체질은 서로 극하는 체질이다. 이런 세 가지 체질일 경우, 자신보다 남이 소중하기에 남을 먼저 배려하고 이해하다가도, 세상 누구보다 자기 자신이 소중하므로 재밌고 즐겁게 살자는 성향이다.

비견+식상↔관성

비견과 식상 그리고 관성의 수치가 각각 1.6 이상이다. 비견과 식상체질은 서로 생하는 사이지만, 관성체질은 서로 극하는 체질이다. 이런 세 가지 체질일 경우, 기존의 모든 것들을 개혁, 개방하여 모두가 평등하게 살다가도, 기존 체제 안에서 높은 위치에 오르고자 맡은 책임을 다하는 성향이다.

식상+재성↔인성

식상과 재성 그리고 인성의 수치가 각각 1.6 이상이다. 식상과 재성체질은 서로 생하는 사이지만, 인성체질은 서로 극하는 체질이다. 이런 세 가지 체질일 경우, 짧고 굵으면서도 낭만과 예술이 살아 숨 쉬는 삶을 살다가도, 남의 이목이 두려워 윤리도덕적으로 완벽한, 인내하는 삶을 사는 성향이다.

재성+관성↔비견

재성과 관성 그리고 비견의 수치가 각각 1.6 이상이다. 재성과 관성체질은 서로 생하는 사이지만, 비견체질은 서로 극하는 체질이다. 이런 세 가지 체질일 경우, 자신이 속한 곳에서 남보다 나은 부귀영화를 누리다가도, 남을 배려하고 이해하며 모두가 함께 일하고 나누는 공동체적인 사회를 만드는 성향이다.

관성+인성↔식상

관성과 인성 그리고 식상의 수치가 각각 1.6 이상이다. 관성과 인성체질은 서로 생하는 사이지만, 식상체질은 서로 극하는 체질이다. 이런 세 가지 체질일 경우, 남의 이목을 중시해 학문과 지식을 습득하여 신분을 높이다가도, 호기심으로 인해 몸을 돌보지 않고 직접 도전과 모험을 하는 성향이다.

○ 무체질(無體質)

무체질이란 어느 오행이라도 수치가 1.6이 넘지 않았을 때를 말함이다. 앞서 심성체질은 본능, 욕망, 감정, 욕심, 집착이라 했다. 그래서 감정적이고 본능적인, 자제나 절제가 되지 않는 동물적인 행동이라 했다. 그렇다면 무체질의 사람들은 본능, 욕망, 감정, 욕심, 집착이 없으며, 동물적인 행동도 하지 않을까? 그렇지 않다. 왜? 사람은 감정의 동물이기 때문이다. 단지, 심성체질이 있는 사람보다는 없는 사람이 본능이나 감정적인 부분이 크게 두드러지지 않을 뿐이다. 그래서 무체질의 사람들은 감정적인 상황에 잘 빠져들지 않는다. 감정적인 상황이란 어떤 것일까? 바로 욕심이 만든 것이다. '내가 조금 더 공부했으면…', '내가 조금 더 예뻤으면…', '내가 조금 더 많이 가졌으면…', '내가 조금 더 높았으면…', '내가 조금 더 머리가 좋았으면…' 등등 무의식적으로 이런 생각들을 하게 된다.

무체질 사람의 감정을 찾아보자. 자신이 타고난 오행수치를 녹현방정식에 대입하여 길신인 용신과 희신을 찾았다. 그리고 흉신인 기신과 구신도 찾았다. 일간(나)은 길신인 용신과 희신의 삶을 살아야 하는데, 흉신인 기신과 구신이 가만히 바라만 보고 있겠는가. 바로 길신의 삶을 방해하는 흉신인 기신과 구신의 합쳐진 성향이 무체질 사람들의 감정적이고 본능적인, 그리고 자제나 절제가 되지 않는 동물적인 행동인 것이다.

용신과 희신은 상생하는 관계로 모두 5종류라 기신과 구신도 상생하면서 5종류가 된다. 그래서 무체질도 역시 5종류로 나타난다. 그리고 무체질의 특징은 마치 두 가지 상생하는 체질인 인성+비견체질, 비견+식상체질, 식상+재성체질. 재성+관성체질, 관성+인성체질의 특징들과 대동소이하다. 그러나 실제의 작용력에 있어서는 두 가지 상생하는 체질보다는 50% 이하로 떨어진다. 그래서 무체질의 사주일 경우, 기신과 구신의 육친을 보고 두 가지 상생하는 체질 중에서 찾아야 한다. 그리고 드러나는 성향은 그것의 50% 이하 정도로 적용하면 된다.

시주	일주	월주	년주
辛	丁	己	戊
亥	酉	未	午

* 오행비율 - 화성: 1.84, 금성: 1.2, 수성: 1, 토성: 0.76, 목성: 0

* 일주강약 - 1.84 신강

* 음양차이 - 음기: 2.2, 양기: 2.2, 중성: 0.4

* 녹현방정식 - 화성이 금성을 억제, 토성과 수성이 구제오행, 수성을 구제오행으로 선택한다(1차 방정식). 토성이 수성을 억제, 금성과 목성이 구제오행, 금성을 구제오행으로 선택한다(2차 방정식). 일반사주로 용신은 금성으로 재성,

희신은 수성으로 관성이므로 격국은 (식상)재성생관성격이 된다. 운 순위는 금성이 1등, 수성이 2등, 화성이 3등, 목성이 4등이다.

* 오신 - 용신: 재성, 희신: 관성, 기신: 비견, 구신: 식상, 한신: 인성

* 심성체질 - 비견체질(화성수치가 1.84)

시주	일주	월주	년주
辛	己	己	己
未	酉	巳	丑

* 오행비율 - 화성: 1.9, 토성: 1.4, 금성: 1.2, 수성: 0.3, 목성: 0

* 일주강약 - 3.3 신강

* 음양차이 - 음기: 2.2, 양기: 2.2, 중성: 0.4

* 녹현방정식 - 화성이 금성을 억제, 토성과 수성이 구제오행, 신강이라 수성을 구제오행으로 선택하고 싶으나, 수치만 있지 토성 안에 있으므로 어쩔 수 없이 토성을 구제오행으로 선택한다(1차 방정식). 진가사주로 가용신은 토성으로 비견, 희신은 금성으로 식상, 진용신 수성으로 재성이므로 격국은 비견생식상격(재성)이 된다. 운 순위는 수성이 1등, 금성이 2등, 화성이 3등, 목성이 4등이다.

* 오신 - 용신: 비견(가), 희신: 식상, 기신: 관성, 구신: 인성, 한신: 재성(진)

* 심성체질 - 인성과 비견체질(화성수치는 1.9, 토성은 개수로 지지 2개+천간 2개)

시주	일주	월주	년주
甲	乙	丁	癸
申	卯	巳	卯

* 오행비율 - 목성: 2.2, 화성: 1.4, 금성: 1, 수성: 0.2, 토성: 0

* 일주강약 - 2.4 신강

* 음양차이 - 음기: 1.2, 양기: 3.6, 중성: 0

* 녹현방정식 - 목성이 토성을 억제, 화성과 금성이 구제오행, 음양차이로 금성을 구제오행으로 선택한다(1차 방정식). 화성이 금성을 억제, 토성과 수성이 구제오행, 신강이라 토성을 사용하고 싶으나, 없으므로 어쩔 수 없이 수성을 구제오행으로 선택한다(2차 방정식). 진가사주로 가용신은 수성으로 인성, 희신은 금성으로 관성, 진용신 토성으로 재성이므로 격국은 인성보관성격(재성)이 된다. 운 순위는 금성이 1등, 수성이 2등, 목성이 3등, 화성이 4등이다.

* 오신 - 용신: 인성(가), 희신: 관성, 기신: 재성(진), 구신: 식상, 한신: 비견

* 심성체질 - 비견체질(목성수치는 2.2)

시주	일주	월주	년주
丙	丙	丁	戊
申	申	巳	午

* 오행비율 - 화성: 2.6, 금성: 2, 토성: 0.2, 목성: 0, 수성: 0

* 일주강약 - 2.6 신강

* 음양차이 - 음기: 2, 양기: 2.6, 중성: 0.2

* 녹현방정식 - 화성이 금성을 억제, 토성과 수성이 구제오행, 토성을 구제오행

  으로 선택한다(1차 방정식). 일반사주로 용신은 토성으로 식상, 희신은 금성으

  로 재성이므로 격국은 (비견)식상생재성격이 된다. 운 순위는 금성이 1등, 수성

  이 2등, 목성이 3등, 화성이 4등이다.

* 오신 - 용신: 식상, 희신: 재성, 기신: 인성, 구신: 비견, 한신: 관성

* 심성체질 - 비견↔재성체질(화성수치는 2.6, 금성수치는 2)

시주	일주	월주	년주
己	戊	戊	癸
未	辰	午	亥

* 오행비율 - 화성: 1.9, 토성: 1.2, 수성: 1.2, 목성: 0.5, 금성: 0

* 일주강약 - 3.1 신강

* 음양차이 - 음기: 1.2, 양기: 2.7, 중성: 0.9

* 녹현방정식 - 화성이 금성을 억제, 토성과 수성이 구제오행, 수성을 구제오행

  으로 선택한다(1차 방정식). 토성이 수성을 억제, 금성과 목성이 구제오행, 그

  러나 금성과 목성은 없거나 활동하지 않으므로 수성을 구제할 수 없다(2차 방

  정식). 병약사주로 1약신은 금성으로 식상, 병신은 수성으로 재성, 2약신은 목

  성으로 관성이므로 격국은 (관성)재성격(식상)이 된다. 운 순위는 금성이 1등,

  수성이 2등, 목성이 3등, 화성이 4등이다.

* 오신 - 병신: 재성, 1약신: 식상, 2약신: 관성, 기신: 비견, 한신: 인성

* 심성체질 - 인성+비견체질(화성수치는 1.9, 토성은 개수로 지지 2개+천간 2개)

시주	일주	월주	년주
壬	己	戊	乙
申	巳	寅	亥

* 오행비율 - 목성: 1.4, 수성: 1.2, 화성: 1, 금성: 1, 토성: 0.2

* 일주강약 - 1.2 신약

* 음양차이 - 음기: 2.2, 양기: 2.4, 중성: 0.2

* 녹현방정식 - 목성이 토성을 억제, 화성과 금성이 구제오행, 화성을 구제오행
으로 선택한다(1차 방정식). 수성이 화성을 억제, 목성과 토성이 구제오행, 토
성을 구제오행으로 선택한다(2차 방정식). 일반사주로 용신은 토성으로 비견,
희신은 화성으로 인성이므로 격국은 (식상)비견보인성격이 된다. 운 순위는 화
성이 1등, 목성이 2등, 수성이 3등, 금성이 4등이다.

* 오신 - 용신: 비견, 희신: 인성, 기신: 관성, 구신: 재성, 한신: 식상

* 심성체질 - 무체질(기구신인 관성과 재성이므로 재성+관성체질 50% 이하)

시주	일주	월주	년주
丙	辛	丁	甲
申	未	丑	寅

* 오행비율 - 목성: 1.2, 토성: 1.06, 금성: 1, 수성: 0.84, 화성: 0.7

* 일주강약 - 2.06 신강

* 음양차이 - 음기: 2.2, 양기: 2.6, 중성: 0

* 녹현방정식 - 목성이 토성을 억제, 화성과 금성이 구제오행, 화성을 구제오행
  으로 선택한다(1차 방정식). 일반사주로 용신은 화성으로 관성, 희신은 토성으
  로 인성이므로 격국은 (재성)관성생인성격이 된다. 운 순위는 화성이 1등, 금성
  이 2등, 수성이 3등, 목성이 4등이다.

* 오신 - 용신: 관성, 희신: 인성, 기신: 식상, 구신: 재성, 한신: 비견

* 심성체질 - 무체질(기구신인 식상과 재성이므로 식상+재성체질 50% 이하)

시주	일주	월주	년주
庚	壬	壬	癸
戌	寅	戌	卯

* 오행비율 - 목성: 2, 금성: 1.74, 토성: 0.66, 수성: 0.4, 화성: 0

* 일주강약 - 2.14 신강

* 음양차이 - 음기: 2.14, 양기: 2, 중성: 0.66

* 녹현방정식 - 목성이 토성을 억제, 화성과 금성이 구제오행, 신강이라 화성을

구제오행으로 선택하고 싶으나, 없으므로 할 수 없이 금성을 구제오행으로 선택한다(1차 방정식). 진가사주로 가용신은 금성으로 인성, 희신은 토성으로 관성, 진용신은 화성으로 재성이므로 격국은 인성보관성격(재성)이 된다. 운 순위는 화성이 1등, 금성이 2등, 수성이 3등, 목성이 4등이다.

* 오신 - 용신: 인성(가), 희신: 관성, 기신: 재성(진), 구신: 식상, 한신: 비견
* 심성체질 - 관성+인성체질↔식상(체질금성수치 1.74, 목성수치 2, 그리고 지지에 2개밖에 없지만, 토성이 심성체질에 걸린 이유는 뒤에서 밝히겠다)

시주	일주	월주	년주
戊	辛	庚	戊
戌	酉	申	申

* 오행비율 - 금성: 4.1, 토성: 0.7, 화성: 0, 수성: 0, 목성: 0
* 일주강약 - 4.8 신강
* 음양차이 - 음기: 4.1, 양기: 0, 중성: 0.7
* 녹현방정식 - 금성이 목성을 억제, 수성과 화성이 구제오행, 그러나 구제오행 모두 없다. 더구나 피해오행까지 없다. 그래서 무격사주로 용신은 관성이고 희신은 재성이므로 격국은 관성보재성격이다. 운 순위는 화성이 1등, 목성이 2등, 수성이 3등, 금성이 4등이다.
* 오신 - 용신: 관성, 희신: 재성, 기신: 식상, 구신: 비견, 한신: 인성
* 심성체질 - 비견체질(금성수치가 4.1)

시주	일주	월주	년주
辛	辛	乙	戊
卯	未	丑	辰

* 오행비율 - 토성: 1.74, 목성: 1.7, 수성: 0.84, 화성: 0.3, 금성: 0.2

* 일주강약 - 1.96 신강

* 음양차이 - 음기: 1.4, 양기: 2.7, 중성: 0.7

* 녹현방정식 - 토성이 수성을 억제, 금성과 목성이 구제오행, 목성을 구제오행으로 선택한다(1차 방정식). 금성이 목성을 억제, 수성과 화성이 구제오행, 수치만 있지 활동하지 못하므로 구제오행은 없다(2차 방정식). 병약사주로 1약신은 식상, 병신은 재성, 2약신은 관성이므로 격국은 (관성)재성격(식상)이다. 운순위는 수성이 1등, 목성이 2등, 수성이 3등, 금성이 4등이다.

* 오신 - 병신: 재성, 1약신: 식상, 2약신: 관성, 기신: 비견, 한신: 인성

* 심성체질 - 재성↔인성체질(목성수치가 1.7, 토성수치가 1.74)

시주	일주	월주	년주
癸	甲	壬	己
酉	子	申	酉

* 오행비율 - 금성: 3.2, 수성: 1.4, 토성: 0.2, 화성: 0, 목성: 0

* 일주강약 - 1.4 신강

* 음양차이 - 음기: 4.6, 양기: 0, 중성: 0.2

* 녹현방정식 - 금성이 목성을 억제, 수성과 화성이 구제오행, 신강이라 화성을 구제오행으로 선택하고 싶으나, 없으므로 할 수 없이 수성을 구제오행으로 선택한다(1차 방정식). 토성이 수성을 억제, 금성과 목성이 구제오행, 금성을 구제오행으로 선택한다(2차 방정식). 일반사주로 용신은 관성, 희신은 인성이므로 격국은 (재성)관성생인성격이다. 운 순위는 금성이 1등, 수성이 2등, 목성이 3등, 화성이 4등이다.

* 오신 - 용신: 관성, 희신: 인성, 기신: 식상, 구신: 재성, 한신: 비견

* 심성체질 - 관성체질(금성수치가 3.2)

5장

녹현역 완성

⃝ 예외적인 공식(例外的인 公式)

필자가 새로운 이론을 창안했을 때는, 모든 사주가 신약하면 일간을 생해주는 오행으로, 신강하면 일간의 기운을 빼내거나 억제하는 오행으로 구제오행을 선택하고, 음양차이가 나면 차이가 나는 것에 따라 구제오행을 선택하면 되는 것으로 알고 있었다. 그런데 실전에서는 이러한 기본공식에 통하지 않는 사주가 있음을 발견하였다. 검증 결과, 신강과 신약, 음양차이를 논하지 않고 예외적인 공식이 통하는 사주가 있음을 찾아냈다.

금 일간, 화 일간, 수 일간이 그것으로, 평생에 한 번 만나볼까 말까 할 정도로 극히 적은 수의 사주이다. 그리고 예외적인 공식이 발생한 까닭은 지지의 토성 丑과 未 때문이다. 녹현방정식을 대입하여 구제오행으로 丑과 수성, 未와 화성, 未와 수성으로 나올 때이다.

금 일간의 경우

조건:

- 庚, 辛 금 일간만 된다.
- 월지가 寅, 卯, 巳, 午, 未 월생만 해당한다.

- 반드시 신약이어야만 한다.

- 戊, 己, 辰, 戌, 丑 토성은 없고 未 토성만 있다(未 토성은 개수에 상관없이).

- 壬, 癸, 亥, 子 수성 중 어느 것이든 사주에 있어야 한다.

　녹현방정식에서 화성이 금성을 억제할 때 구제오행으로는 토성과 수성이 나온다. 신약한 일간이지만 일간을 도와주는 未 토성을 구제오행을 선택하지 않는다. 오히려 신약한 일간의 기운을 빼내 가는 수성을 구제오행으로 선택한다.

　이와 같은 공식은 녹현역의 기본공식과는 다르다. 신약한 일간이면 일간을 생해주는 오행을 구제오행으로 선택하는 것이 당연한 것이다. 그런데 신약한 일간이면서도 일간의 기운을 빼내 가는 오행을 구제오행으로 선택했다. 왜 이런 예외적인 공식이 나타난 것일까? 그것은 화성(양기)에 의해 억제당하고 있는 금성(음기)이기 때문이다. 그리고 구제오행은 100% 양기인 未 토성밖에 없어서다. 未 토성은 겉만 토성이지 안으로는 뜨거운 기운을 담고 있는 화성과 같다. 그래서 금성이 未 토성을 구제오행으로 선택한다는 것은 더 강한 공격을 자초하는 꼴이라 진정으로 금성을 구하는 것이 아니다. 그래서 금 일간이 신약하더라도 화성의 기운을 강하게 억제하는 수성에게 금성을 구하라고 한다.

시주	일주	월주	년주
癸	辛	癸	乙
巳	未	未	巳

* 오행비율 - 화성: 3.54, 토성: 0.66, 수성: 0.4, 목성: 0.2, 금성: 0

* 일주강약 - 0.66 신약

* 음양차이 - 음기: 0.4, 양기: 4.4, 중성: 0

* 녹현방정식 - 未월생. 화성이 금성을 억제, 토성과 수성이 구제오행, 신약이라서 토성을 구제오행으로 선택하고 싶으나, 양기인 未 토성밖에 없으므로 수성을 구제오행으로 선택한다(1차 방정식). 토성이 수성을 억제, 금성과 목성이 구제오행, 신약해서 금성을 사용하고 싶으나, 없으므로 할 수 없이 목성을 구제오행으로 선택한다(2차 방정식). 진가사주로 가용신은 재성, 희신은 식상, 진용신은 비견이므로 격국은 재성보식상보격(비견)이다. 운 순위는 금성이 1등, 수성이 2등, 목성이 3등, 화성이 4등이다.

* 오신 - 용신: 재성(가), 희신: 식상, 기신: 비견(진), 구신: 인성, 한신: 관성

* 심성체질 - 관성체질(화성수치가 3.54)

시주	일주	월주	년주
癸	庚	甲	辛
未	寅	午	亥

* 오행비율 - 화성: 1.9, 목성: 1.2, 수성: 1.2, 토성: 0.3, 금성: 0.2

* 일주강약 - 0.5 신약

* 음양차이 - 음기: 1.4, 양기: 3.4, 중성: 0

* 녹현방정식 - 午월생. 화성이 금성을 억제, 토성과 수성이 구제오행, 신약이라서 토성을 구제오행으로 선택하고 싶으나, 양기인 未 토성밖에 없으므로 수성을 구제오행으로 선택한다(1차 방정식). 토성이 수성을 억제, 금성과 목성이 구제오행, 금성을 선택한다(2차 방정식). 일반사주로 용신은 비견, 희신은 식상이므로 격국은 (인성)비견생식상격이다. 운 순위는 금성이 1등, 수성이 2등, 목성이 3등, 화성이 4등이다.

* 오신 - 용신: 비견, 희신: 식상, 기신: 관성, 구신: 인성, 한신: 재성

* 심성체질 - 관성체질(화성수치가 1.9)

시주	일주	월주	년주
甲	辛	辛	甲
午	亥	未	寅

* 오행비율 - 화성: 1.84, 목성: 1.4, 수성: 1, 토성: 0.36, 금성: 0.2

* 일주강약 - 0.56 신약

* 음양차이 - 음기: 1.2, 양기: 3.6, 중성: 0

* 녹현방정식 - 未월생. 화성이 금성을 억제, 토성과 수성이 구제오행, 신약이라 서 토성을 구제오행으로 선택하고 싶으나, 양기인 未 토성밖에 없으므로 수성 을 구제오행으로 선택한다(1차 방정식). 토성이 수성을 억제, 금성과 목성이 구 제오행, 금성을 선택한다(2차 방정식). 일반사주로 용신은 비견, 희신은 식상이 므로 격국은 (인성)비견생식상격이다. 운 순위는 금성이 1등, 수성이 2등, 목성 이 3등, 화성이 4등이다.

* 오신 - 용신: 비견, 희신: 식상, 기신: 관성, 구신: 인성, 한신: 재성

* 심성체질 - 관성체질(화성수치가 1.84)

화 일간의 경우

조건:

- 丙, 丁 화 일간만 된다.

- 반드시 신강이어야 한다.

- 戊, 己, 辰, 戌, 丑 토성은 없고 未 토성만 있어야 한다.

- 음양차이는 1.1 이하이다.

- 토성과 수성 중에 토성이 수치가 높다.

  녹현방정식에서 화성이 금성을 억제할 때 구제오행으로 토성과 수성이 나온다. 음양차이가 없으므로 수치가 높은 未 토성을 구제오행으로 선택해야 하나, 수치가 낮은 수성을 선택한다.

이와 같은 공식도 녹현역의 기본공식과는 다르다. 식상과 관성이 구제오행으로 나올 때는 음양차이를 살핀다. 음양차이가 1.11 이상이면 부족한 기운의 오행을 구제오행으로, 1.1 이하일 때는 둘 중 수치가 높은 오행을 구제오행으로 선택한다. 그런데 음양차이가 1.1 이하이고, 공식에서 화성이 금성을 억제할 때는 토성과 수성이 구제오행이다. 그리고 수성보다 토성이 수치가 높다. 이럴 때는 당연히 수치가 높은 토성에게 금성을 구하라고 하는 것이 효율적이다. 그런데 토성은 未밖에 없다면, 화 일간은 수치가 높은 토성을 선택하지 않고, 수치는 낮지만 수성에게 금성을 구하라고 부탁한다는 거다.

시주	일주	월주	년주
丁	丙	丁	壬
酉	午	未	申

* 오행비율 - 화성: 2.04, 금성: 2, 토성: 0.36, 수성: 0.2, 목성: 0

* 일주강약 - 2.04 신강

* 음양차이 - 음기: 2.2, 양기: 2.6, 중성: 0

* 녹현방정식 - 화성이 금성을 억제, 토성과 수성이 구제오행, 음양차이가 1.1 이하

이므로 수치가 높은 토성을 구제오행으로 선택해야 한다. 그런데 화 일간은 수성

을 구제오행으로 선택한다(1차 방정식). 토성이 수성을 억제, 금성과 목성이 구제

오행, 금성을 선택한다(2차 방정식). 일반사주로 용신은 재성, 희신은 관성이므로

격국은 (식상)재성생관성격이다. 운 순위는 금성이 1등, 수성이 2등, 화성이 3등,

목성이 4등이다.

* 오신 - 용신: 재성, 희신: 관성, 기신: 비견, 구신: 식상, 한신: 인성

* 심성체질 - 비견↔재성체질(화성수치가 2.04, 금성수치는 2)

시주	일주	월주	년주
癸	丁	乙	丙
卯	酉	未	申

* 오행비율 - 금성: 2, 목성: 1.2, 화성: 1.04, 토성: 0.36, 수성: 0.2

* 일주강약 - 3.24 신강

* 음양차이 - 음기: 2.2, 양기: 2.6, 중성: 0

* 녹현방정식 - 목성이 토성을 억제, 화성과 금성이 구제오행, 금성을 구제오행으로 선택한다(1차 방정식). 화성이 금성을 억제, 토성과 수성이 구제오행, 음양차이가 1.1 이하이므로 수치가 높은 토성을 구제오행으로 선택해야 하나, 未 토성밖에 없으므로 수치가 낮은 수성을 구제오행으로 선택한다(2차 방정식). 토성이 수성을 억제, 금성과 목성이 구제오행, 금성을 구제오행으로 선택한다(3차 방정식). 일반사주로 용신은 재성, 희신은 관성이므로 격국은 (식상)재성생관성격이다. 운 순위는 금성이 1등, 수성이 2등, 화성이 3등, 목성이 4등이다.

* 오신 - 용신: 재성, 희신: 관성, 기신: 비견, 구신: 식상, 한신: 인성

* 심성체질 - 재성체질(금성수치가 2)

시주	일주	월주	년주
丙	丁	庚	癸
午	未	申	酉

* 오행비율 - 금성: 2.4, 화성: 1.7, 토성: 0.5, 수성: 0.2, 목성: 0

* 일주강약 - 1.7 신강

* 음양차이 - 음기: 2.6, 양기: 2.2, 중성: 0

* 녹현방정식 - 금성이 목성을 억제, 수성과 화성이 구제오행, 수성을 구제오행으로 선택한다(1차 방정식). 토성이 수성을 억제, 금성과 목성이 구제오행, 금성을 구제오행으로 선택한다(2차 방정식). 화성이 금성을 억제, 토성과 수성이 구제오행, 음양차이가 1.1 이하이므로 수치가 높은 토성을 구제오행으로 선택해야 한다. 그러나 未 토성밖에 없으므로 수치가 낮은 수성을 구제오행으로 선택한다(3차 방정식). 일반사주로 용신은 관성, 희신은 재성이므로 격국은 (인성)관성보재성격이다. 운 순위는 수성이 1등, 금성이 2등, 화성이 3등, 목성이 4등이다.

* 오신 - 용신: 관성, 희신: 재성, 기신: 식상, 구신: 비견, 한신: 인성

* 심성체질 - 비견↔재성체질(화성수치가 1.7, 금성수치가 2.4)

수 일간의 경우

조건:

- 壬, 癸 수 일간만 된다.

- 반드시 신강이어야 한다.

- 戊, 己, 辰, 戌, 未 토성은 없고 丑 토성만 있어야 한다.

- 음양차이는 1.1 이하이다.

- 토성과 수성 중에 토성이 수치가 높다.

녹현방정식에서 수성이 화성을 억제할 때 구제오행으로 목성과 토성이 나온다. 음양차이가 없으므로 수치가 높은 丑 토성을 구제오행으로 선택해야 하나, 수치가 낮은 목성을 선택한다.

이와 같은 공식도 녹현역의 기본공식과는 다르다. 식상과 관성이 구제오행으로 나올 때는 음양차이를 살핀다. 음양차이가 1.11 이상이면 부족한 기운의 오행을 구제오행으로, 1.1 이하일 때는 둘 중 수치가 높은 오행을 구제오행으로 선택한다. 그런데 음양차이가 1.1 이하이고, 공식에서 수성이 목성을 억제할 때는 목성과 토성이 구제오행이다. 그리고 목성보다 토성이 수치가 높다. 이럴 때는 당연히 수치가 높은 토성에게 화성을 구하라고 하는 것이 효율적이다. 그런데 토성은 丑밖에 없다면, 수 일간은 수치가 높은 토성을 선택하지 않고, 수치는 낮지만 목성에게 화성을 구하라고 부탁한다는 거다.

시주	일주	월주	년주
乙	壬	癸	癸
巳	午	亥	丑

* 오행비율 - 수성: 2.3, 화성: 2, 토성: 0.3, 목성: 0.2, 금성: 0

* 일주강약 - 2.3 신강

* 음양차이 - 음기: 2.6, 양기: 2.2, 중성: 0

* 녹현방정식 - 수성이 화성을 억제, 목성과 토성이 구제오행, 음양차이가 1.1 이
하이므로 수치가 높은 토성을 구제오행으로 선택해야 한다. 그러나 丑 토성밖
에 없으므로 수치가 낮은 목성을 구제오행으로 선택한다(1차 방정식). 일반사
주로 용신은 식상, 희신은 재성이므로 격국은 (비견)식상생재성격이다. 운 순위
는 목성이 1등, 화성이 2등, 금성이 3등, 수성이 4등이다.

* 오신 - 용신: 식상, 희신: 재성, 기신: 인성, 구신: 비견, 한신: 관성

* 심성체질 - 비견↔재성체질(수성수치가 2.3, 화성수치가 2)

시주	일주	월주	년주
辛	壬	乙	癸
丑	午	丑	巳

* 오행비율 - 화성: 2, 수성: 1.74, 토성: 0.66, 목성: 0.2, 금성: 0.2

* 일주강약 - 1.94 신강

* 음양차이 - 음기: 2.6, 양기: 2.2, 중성: 0

* 녹현방정식 - 화성이 금성을 억제, 토성과 수성이 구제오행, 토성을 구제오행
으로 선택한다(1차 방정식). 목성이 토성을 억제, 화성과 금성이 구제오행, 화
성을 구제오행으로 선택한다(2차 방정식). 수성이 화성을 억제, 목성과 토성이
구제오행, 음양차이가 1.1 이하이므로 수치가 높은 토성을 구제오행으로 선택
해야 한다. 그러나 丑 토성밖에 없으므로 수치가 낮은 목성을 구제오행으로 선
택한다(3차 방정식). 금성이 목성을 억제, 수성과 화성이 구제오행, 화성을 구
제오행으로 선택한다(4차 방정식). 일반사주로 용신은 재성, 희신은 식상이므
로 격국은 (관성)재성보식상격이다. 운 순위는 화성이 1등, 목성이 2등, 금성이
3등, 수성이 4등이다.

* 오신 - 용신: 재성, 희신: 식상, 기신: 비견, 구신: 인성, 한신: 관성

* 심성체질 - 비견↔재성체질(화성수치가 2, 수성수치가 1.74)

⭕ 음기사주 및 양기사주(陰氣四柱 및 陽氣四柱)

　녹현역학에서 음기와 양기를 구분하는 것은, 기존 역학이론과는 다르다고 앞 장에서 밝혔다. 흔히 말하길 천간에서는 甲丙戊庚壬이 양, 乙丁己辛癸가 음, 지지에서는 子寅辰午申戌이 양, 丑卯巳未酉亥가 음이라 한다. 그러나 녹현역학에서는 생명체에게 생명을 주고 성장시키는 기운을 양, 생명체를 늙고 병들고 사라지게 하는 기운을 음이라 한다. 그래서 천간에서는 甲乙丙丁이 양, 庚辛壬癸가 음, 지지에서는 寅卯巳午未가 양, 亥子丑申酉는 음이다. 그리고 천간 토성인 戊己와 지지 토성인 辰戌은 중성이다. 물론 辰과 戌 토성은 각각 목성과 금성의 수치를 제외한 나머지 토성수치가 진정한 중성이다.

　양기로만 이뤄진 사주거나 음기로만 이루어진 사주일 경우, 한쪽의 기운은 전혀 지니지를 못한 상태이다. 이러한 사주는 공식에 의한 길신들의 운을 만나는 것이 좋은 것이 아니라, 사주 내에 없는 기운을 만나는 것이 좋다. 고서에도 이런 이론이 있었으나, 후학들이 체계적인 이론으로 발전시키지 못해 그 이론이 유명무실하게 되었다. 예를 들면 "목화식상격은 인성 즉, 수성의 운에 빛나고, 금수식상격은 관성 즉, 화성의 운을 만나야만 발한다."라는 이론이 그것이다. 이것은 바로 무엇을 의미하는가. 바로 음기와 양기의 사주를 의미한 것이다. 즉 사주팔자가 금성과 수성으로만 된 음기사주와 목성과 화성으로만 된 양기사주일 경우, 운에서 반대의 기운을 만나야지 그렇지 않으면 성공할 수 없음을 나타낸 말이다.

사주 전체가 오로지 음기나 양기로 이루어져야지 조금이라도 반대의 기운이 있다면 이 이론은 적용되지 않는다. 그리고 중성의 기운이 있다고 해도 사주 전체가 음기면 음기사주로, 양기면 양기사주로 인정한다. 그래서 순음의 사주면 양기의 운인 목성과 화성의 운에, 순양의 사주는 음기의 운인 금성과 수성의 운을 만나야만 뜻을 이룰 수 있다는 거다. 공식에 의한 용신과 희신이 무엇으로 나왔든지 간에 그것과는 상관없이 오로지 운에서 반대의 기운을 만나야 타고난 목적을 이룰 수 있는 것이다.

순음과 순양의 사주는 오로지 하나밖에 모르는 순수한 측면이 많다. 그래서 융통성이 부족해 복잡한 현대사회에 적응하기가 만만치 않다. 순음과 순양의 사주는 약육강식의 세상에서 살아가는 것이 그리 쉽지만은 않다. 이러한 부분을 만회하고자 순음의 사주는 양기의 운을, 순양의 사주는 음기의 운을 만나야 한다. 이런 까닭에 운의 순위가 바뀐다. 순음의 사주는 100% 양기인 화성의 운이 1등, 50% 양기인 목성의 운이 2등, 50%가 음기인 금성의 운이 3등, 100% 음기인 수성의 운이 4등이 된다. 순양의 사주는 100% 음기인 수성의 운이 1등, 50%가 음기인 금성의 운이 2등, 50%가 양기인 목성의 운이 3등, 100% 양기인 화성의 운이 4등이 된다.

시주	일주	월주	년주
癸	甲	壬	己
酉	子	申	酉

* 오행비율 - 금성: 3.2, 수성: 1.4, 토성: 0.2, 목성: 0, 금성: 0

* 일주강약 - 1.4 신강

* 음양차이 - 음기: 4.6, 양기: 0, 중성: 0.2

* 녹현방정식 - 금성이 목성을 억제, 수성과 화성이 구제오행, 수성을 구제오행으로 선택한다(1차 방정식). 토성이 수성을 억제, 금성과 목성이 구제오행, 금성을 구제오행으로 선택한다(2차 방정식). 일반사주이며 격국은 (재성)관성생인성격이다. 공식에 따른 운 순위는 금성이 1등, 수성이 2등, 목성이 3등, 화성이 4등이다. 그러나 사주 내에 양기가 하나도 없는 음기사주이다. 그래서 공식에 의한 운 순위를 따르지 않는다. 진정한 운 순위는 화성이 1등, 목성이 2등, 금성이 3등, 수성이 4등이다.

* 오신 - 용신: 관성, 희신: 인성, 기신: 식상, 구신: 재성, 한신: 비견

* 심성체질 - 관성체질(금성수치가 3.2)

시주	일주	월주	년주
甲	癸	乙	丙
寅	巳	未	午

* 오행비율 - 화성: 3.04, 목성: 1.4, 토성: 0.36, 수성: 0, 금성: 0

* 일주강약 - 0 신약

* 음양차이 - 음기: 0, 양기: 4.8, 중성: 0

* 녹현방정식 - 화성이 금성을 억제, 토성과 수성이 구제오행, 토성을 구제오행으로 선택한다(1차 방정식). 목성이 토성을 억제, 화성과 금성이 구제오행, 화성을 구제오행으로 선택한다(2차 방정식). 진가사주이며 격국은 재성생관성격(인성)이다. 공식에 따른 운 순위는 금성이 1등, 화성이 2등, 목성이 3등, 수성이 4등이다. 그러나 사주 내에 음기가 하나도 없는 양기사주이다. 그래서 공식에 의한 운 순위를 따르지 않는다. 진정한 운 순위는 수성이 1등, 금성이 2등, 목성이 3등, 화성이 4등이다.

* 오신 - 용신: 재성(가), 희신: 관성, 기신: 비견, 구신: 식상, 한신: 인성(진)

* 심성체질 - 재성체질(화성수치가 3.04)

시주	일주	월주	년주
戊	己	己	甲
辰	未	巳	辰

* 오행비율 - 화성: 1.9, 토성: 1.7, 목성: 1.2, 수성: 0, 금성: 0

* 일주강약 - 3.6 신강

* 음양차이 - 음기: 0, 양기: 3.4, 중성: 1.4

* 녹현방정식 - 화성이 금성을 억제, 토성과 수성이 구제오행, 토성을 구제오행으로 선택한다(1차 방정식). 목성이 토성을 억제, 화성과 금성이 구제오행, 화성을 구제오행으로 선택한다(2차 방정식). 진가사주이며 격국은 인성생비견격(식상)이다. 공식에 따른 운 순위는 금성이 1등, 화성이 2등, 목성이 3등, 수성이 4등이다. 그러나 사주 내에 음기가 하나도 없는 양기사주이다. 그래서 공식에 의한 운 순위를 따르지 않는다. 진정한 운 순위는 수성이 1등, 금성이 2등, 목성이 3등, 화성이 4등이다.

* 오신 - 용신: 인성(가), 희신: 비견, 기신: 재성, 구신: 관성, 한신: 식상(진)

* 심성체질 - 인성+비견체질(화성수치가 1.9, 토성수치가 1.7)

시주	일주	월주	년주
庚	戊	庚	癸
申	戌	申	亥

* 오행비율 - 금성: 3.3, 수성: 1.2, 토성: 0.3, 화성: 0, 목성: 0

* 일주강약 - 0.3 신약

* 음양차이 - 음기: 4.5, 양기: 0, 중성: 0.3

* 녹현방정식 - 금성이 목성을 억제, 수성과 화성이 구제오행, 수성을 구제오행
으로 선택한다(1차 방정식). 토성이 수성을 억제, 금성과 목성이 구제오행, 금
성을 구제오행으로 선택한다(2차 방정식). 일반사주이며 격국은 (비견)식상생
재성격이다. 공식에 따른 운 순위는 금성이 1등, 수성이 2등, 화성이 3등, 목성
이 4등이다. 그러나 사주 내에 양기가 하나도 없는 음기사주이다. 그래서 공
식에 의한 운 순위를 따르지 않는다. 진정한 운 순위는 화성이 1등, 목성이 2
등, 금성이 3등, 수성이 4등이다.

* 오신 - 용신: 식상, 희신: 재성, 기신: 인성, 구신: 비견, 한신: 관성

* 심성체질 - 식상체질(금성수치가 3.3)

◯ 지지구조(地支構造)

　지지구조(地支構造)란 용어도 생소할 것이다. 사주 지지가 특수한 구조로 이뤄졌다는 의미이다. 이 이론을 발견하게 된 동기를 밝히겠다. 공식에 의한 운 순위가 실제의 삶과는 맞지 않아서다. 틀림없이 1~2등의 운임에도 불구하고 내담자는 만족스럽지 않거나 행복하지 않았고, 반대로 3~4등의 운에 만족스럽고 즐겁다는 거다. 내담자 모두 다 그런 것은 아니지만 말이다. 그런 경우의 사주들만 면밀히 살폈는데, 공통된 점을 발견할 수 있었다. 그것은 지지의 모양이 보통의 사주 지지 모양과는 다르게 구성되어 있었다. 그래서 지지가 특수하게 구성되면 공식에 의한 운 순위를 적용하지 않고, 지지의 구성 여부에 따라 운 순위를 정했다. 그랬더니 지지가 특수하게 구성된 주인공들은 그 운 순위에 의해 운명의 흐름이 결정된다는 것을 알게 되었다. 그래서 음기와 양기의 사주 주인공들도 운의 순위가 바뀌지만, 지지구조에 걸린 주인공들도 운 순위가 바뀜을 알았다.

　어째서 지지가 특수하게 구성되면 운 순위가 바뀌는지 나름 연구하게 되었다. 필자는 지지구조란 특수한 상황을 이렇게 이해했다. 우주 속에 태양계, 태양계 안에 지구, 지구 속에 사람이 존재한다. 즉, 우주가 존재하지 않았으면 사람 역시 존재하지 않았다. 그래서 사람은 우주와 같다고 하지 않았던가. 틀림없이 사람의 몸에는 우주의 기운이 흐르고 있다. 그러나 사람의 삶에 커다란 영향을 미치는 것은 지구이다. 화성과 달, 모두 우주 안에 있지만 사람이 거기서 머무르거나 살 순 없다. 왜냐하면 우주의 영향보다는 화성과 달의 환경이 사람에게 미치는 영향력이 훨씬 더 크기 때문이다. 그래서 지구라는 곳에 사람이 머물고 있으므로 사람은 지구의 영향을 받을 수밖에 없다.

그렇다면, 지구의 작은 변화도 사람에게는 엄청난 충격으로 다가올 수 있다. 지구는 시시각각 지진, 화산폭발, 해일, 홍수, 폭설, 태풍, 가뭄 등을 일으킨다. 사람의 삶을 위협하는 가장 무서운 지구의 공격이다. 이 중에서도 사람에게 가장 큰 피해를 주는 것은 지진이다. 만약 사람이 달에 산다면 지표면에 변화가 와도 사람의 삶을 크게 위협하지는 않는다. 달의 중력은 지구의 6분의 1이라 사람이 지표면에 의지할 필요가 없어서다. 그러나 지구의 사람들은 모두 지표면에 의지해서 살아간다. 그런데 지표면을 변화시키는 지진이 일어나봐라. 우리의 삶이 어떻게 되겠는가? 지구의 종말을 다룬 영화 '2012년'을 보았는가? 그래서 필자도 천간보다 다섯 배나 영향력이 큰 지지의 동태를 살피지 않을 수가 없었다. 그 결과 지지가 특수하게 배열되면 무조건 지지를 안정시키는 방향으로 운이 흘러야 만족스럽게 살 수 있음을 알았다. 그리고 특수한 지지구조에 걸린 운명의 소유자는 30%에서 40% 정도이며, 지지구조의 종류는 모두 세 종류로 나뉨도 파악했다. 한 종류는 뛰어난 능력을 자랑해 보통 사람보다 나은 삶을 살고, 한 종류는 평생 갈등하며 살고, 한 종류는 평탄치 않은 복잡다단한 삶을 산다.

○ 지지가 2종류 오행으로 나눠 다툴 때

금성 〈---〉 목성 ／＼ 수성　화성	화성 〈---〉 금성 ／＼ 토성　수성	수성 〈---〉 화성 ／＼ 목성　토성
목성 〈---〉 토성 ／＼ 화성　금성	토성 〈---〉 수성 ／＼ 금성　목성	

　도표처럼 두 오행으로 양분되어 서로 다투고 있는 지지구조이다. 이렇게 되면 일간은 왔다 갔다 할 수밖에 없다. 왜냐하면 서로 다투는 두 가지 심성체질에 걸리기 때문이다. 그래서 중재에 나서야 한다. 일간이 중심이 되어 지지의 싸움을 말릴 수밖에는 없다. 그래서 길신의 운 순위와 관계없이 오로지 일간에 의해 정해진 운의 순위에 따라야 한다는 거다. 그럼 무엇을 기준 삼아 일간이 순위를 정하는가? 그것은 신강인가, 신약인가와 음기와 양기의 차이에 의해 운의 순위를 정한다. 그리고 음기와 양기의 차이로 운의 순위를 정할 때, 음양차이가 1.1 이하나 1.11 이상은 아무런 관련도 없다. 그저 조금이라도 부족한 기운이 앞선 순위를 받는다.

　지지가 2종류 오행으로 나누어 다투는 구조는 모두 5종류로, 수

성과 화성, 화성과 금성, 토성과 수성, 목성과 토성, 금성과 목성이
그것이다. 84%의 비중을 차지하고 있는 지지가 마치 시소처럼 왔
다 갔다 하는 바람에 일간(나)이 중심을 잃고 흔들린다. 그러므로
무엇보다 안정적인 상황으로 이끌기 위해 흔들리는 지지를 안정시
켜야 일간(나)이 중심을 잡고 살아갈 수 있다. 그래서 지지 2종류의
오행 싸움을 말리는 오행의 운이 1~2등을 차지한다. 그리고 운 순
위는 일간이 결정한다. 먼저 신강약을 기준하고, 그것으로 결정하
지 못할 때는 음양차이로 결정한다.

금성과 목성이 싸우는 지지구조

시주	일주	월주	년주
水	水	土	金
木	木	金	金

이렇게 지지에서 목성과 금성이 양분하여 서로 다투고 있으면,
지지를 안정시킬 수 있는 운을 만나야만 한다. 금성과 목성의 싸
움을 말릴 수 있는 오행은 수성과 화성이다. 화성의 운은 목성의
기운을 빼내 힘을 약화시키고, 금성의 기운을 억제함으로써 힘을
약화시키므로 능히 그들의 싸움을 말릴 수 있다. 수성의 운 역시
금성과 목성의 사이에서 서로 싸우지 않도록 중재의 역할을 할 수
있다. 그래서 수성의 운과 화성의 운이 가장 좋은 운이 되는 것이

다. 그렇다면 두 오행 중 누가 더 좋은지 그리고 나머지 운 순위는 어떠한지 알아보자.

운의 우선순위를 정할 때 기준이 되는 것은 두 가지 조건이라고 했다. 먼저 일간이 신강인지 신약인지로 구분한다. 이 사주는 신강하다. 그래서 싸움을 말리는 수성과 화성의 운 중에서 일간의 기운을 약화시키는 화성의 운이 1등이며, 수성의 운은 2등이 된다. 나머지 금성과 목성의 운 중에서는 일간의 기운을 빼내는 목성의 운이 3등, 금성의 운이 4등이 된다.

수성과 화성이 싸우는 지지구조

시주	일주	월주	년주
水	土	木	金
火	水	火	水

지지에서 화성과 수성이 양분하여 서로 다투고 있으면, 지지를 안정시킬 수 있는 운을 만나야만 한다. 수성과 화성의 싸움을 말릴 수 있는 오행은 토성과 목성이다. 토성의 운은 화성의 기운을 빼내 힘을 약화시키고, 수성의 기운을 억제함으로써 힘을 약화시키므로 능히 그들의 싸움을 말릴 수 있다. 목성의 운 역시 수성과 화성의 사이에서 서로 싸우지 않도록 중재의 역할을 할 수 있다. 그래서 토성의 운과 목성의 운이 가장 좋은 운이 되는 것이다. 그

렇다면 두 오행 중 누가 더 좋은지 그리고 나머지 운 순위는 어떠한지 알아보자.

먼저 일간이 신강이다. 그래서 토성의 운보다는 목성의 운이 1등, 토성의 운이 2등이다. 나머지 수성, 화성, 금성의 운 중에서는 순위를 정한다. 일간의 기운을 빼내는 오행의 운은 금성과 수성이다. 그러나 수성은 지지에 있고, 금성은 없으므로 수성의 운에게 3등을 주고, 금성의 운이 4등, 화성의 운이 5등이다. 그러나 지지엔 토성의 운은 없으므로 목성의 운이 1등, 수성의 운이 2등, 금성의 운이 3등, 화성의 운이 4등이 된다.

화성과 금성이 싸우는 지지구조

시주	일주	월주	년주
土	木	木	金
火	金	金	火

지지에서 화성과 금성이 양분하여 서로 다투고 있으면, 지지를 안정시킬 수 있는 운을 만나야만 한다. 금성과 화성의 싸움을 말릴 수 있는 오행은 수성과 토성이다. 수성의 운은 금성의 기운을 빼내 힘을 약화시키고, 화성의 기운을 억제함으로써 힘을 약화시키므로 능히 그들의 싸움을 말릴 수 있다. 토성의 운 역시 금성과 화성의 사이에서 서로 싸우지 않도록 중재의 역할을 할 수 있다.

그래서 토성의 운과 수성의 운이 가장 좋은 운이 되는 것이다. 그렇다면 두 오행 중 누가 더 좋은지 그리고 나머지 운 순위는 어떠한지 알아보자.

먼저 일간이 신약이다. 그래서 토성의 운보다는 수성의 운이 1등을 차지하고, 토성의 운이 2등이 된다. 나머지 목성, 화성, 금성의 운 중에서는 순위를 정한다. 신약한 일간이기에 기운을 도와주는 목성의 운이 3등이 되고, 양기보다 음기보다 약하므로 화성의 운이 4등, 금성의 운이 5등이 된다. 그러나 지지엔 토성의 운은 없으므로 수성의 운이 1등, 목성의 운이 2등, 화성의 운이 3등, 금성의 운이 4등이 된다.

목성과 토성이 싸우는 지지구조

시주	일주	월주	년주
土	火	木	金
木	土	木	土

지지에서 토성과 목성이 양분하여 서로 다투고 있으면, 지지를 안정시킬 수 있는 운을 만나야만 한다. 목성과 토성의 싸움을 말릴 수 있는 오행은 화성과 금성이다. 금성의 운은 토성의 기운을 빼내 힘을 약화시키고, 목성의 기운을 억제함으로써 힘을 약화시키므로 능히 그들의 싸움을 말릴 수 있다. 화성의 운 역시 목성과

토성의 사이에서 서로 싸우지 않도록 중재의 역할을 할 수 있다. 그래서 화성의 운과 금성의 운이 가장 좋은 운이 되는 것이다. 그렇다면 두 오행 중 누가 더 좋은지 그리고 나머지 운 순위는 어떠한지 알아보자.

먼저 일간은 신강이다. 그래서 화성의 운보다는 금성의 운이 1등을 차지하고, 화성의 운이 2등이 된다. 나머지 목성과 수성의 운 중에서는 순위를 정한다. 신강한 일간이기에 수성의 운이 3등, 목성의 운이 4등이 된다.

목성과 토성이 지지를 양분하여 다투고 있을 때는 무조건 지지구조에 걸리는 것은 아니다. 지지의 토성은 辰, 戌, 丑, 未가 있다. 토성이 목성과 싸울 때 있어서는 안 되는 토성이 있다. 그것은 바로 辰이라는 토성이다. 辰 속에는 목성의 기운을 지니고 있으므로 토성 중에 辰이 끼어있다면 목성과 싸움을 하지 않기에 특수한 지지구조에 걸리지 않는다. 그래서 공식에 의한 운의 순위를 적용한다.

토성과 수성이 싸우는 지지구조

시주	일주	월주	년주
火	金	木	水
水	水	土	土

지지에서 토성과 수성이 양분하여 서로 다투고 있으면, 지지를

안정시킬 수 있는 운을 만나야만 한다. 토성과 수성의 싸움을 말릴 수 있는 오행은 금성과 목성이다. 목성의 운은 수성의 기운을 빼내 힘을 약화시키고, 토성의 기운을 억제함으로써 힘을 약화시키므로 능히 그들의 싸움을 말릴 수 있다, 금성의 운 역시 토성과 수성의 사이에서 서로 싸우지 않도록 중재의 역할을 할 수 있다. 그래서 목성의 운과 금성의 운이 가장 좋은 운이 되는 것이다. 그렇다면 두 오행 중 누가 더 좋은지 그리고 나머지 운 순위는 어떠한지 알아보자.

먼저 일간은 신강이다. 그래서 금성의 운보다는 목성의 운이 1등을 차지하고, 금성의 운이 2등이 된다. 나머지 화성과 수성의 운 중에서는 순위를 정한다. 신강한 일간이라 일간의 기운을 빼내는 수성이 지지에 있기에 수성의 운이 3등, 화성의 운이 4등이 된다.

수성과 토성이 지지를 양분하여 다투고 있을 때는 무조건 지지구조에 걸리는 것은 아니다. 지지의 토성은 辰, 戌, 丑, 未가 있다. 토성이 수성과 싸울 때 있어서는 안 되는 토성이 있다. 그것은 바로 丑이라는 토성이다. 丑 속에는 수성의 기운을 지니고 있으므로 토성 중에 丑이 끼어있다면 수성과 싸움을 하지 않기에 특수한 지지구조에 걸리지 않는다. 그래서 공식에 의한 운의 순위를 적용한다.

◯ 2개의 지지가 한 종류의 오행이 되어
1개의 지지를 억제할 때

사주 지지의 상황이 두 지지가 한 종류의 오행이 되어 다른 한 지지의 오행을 억제하고 있을 때, 다른 한 지지에서 억제당하고 있는 지지를 구하는 오행이 있을 경우에 해당하는 지지구조이다. 이렇게 구성되면 공식에 의한 운 순위는 적용하지 않고, 오로지 지지에서 구제역할을 하는 오행이 1등, 억제당하고 있는 오행이 2등, 억제하고 있는 오행은 4등, 나머지 한 오행은 3등이 된다.

이런 지지구조에는 2종류가 있는데, 억제오행의 힘을 빼내 피해오행을 돕는 경우와 억제오행을 억제하여 피해오행을 돕는 경우가 그것이다. 억제오행을 억제하는 경우의 지지구조는 억제오행의 힘을 빼내는 지지구조보다 거친 면이 있다. 즉, 인생사를 대처함에 있어 부드럽거나 그렇지 않거나 하는 차이인 것이다. 그리고 이런 지지구조에 걸린 운명의 소유자는 보통 운명의 소유자보다 한 차원 높은 삶을 살 가능성이 매우 높다. 예전에 은행에서 설날 특집으로 우수고객들에게 사주서비스를 한 적이 있다. 당시 제자가 이틀 동안 우수고객들의 사주를 본 적이 있다. 그런데 제자가 이벤트 행사에 갔다 와서 하는 말이 "우수고객들의 70% 이상이 특수한 지지구조에 걸렸다."는 것이었다. 이것은 이 지지구조에 걸린 사주는 보통의 사주보다 지지가 안정되어 있어서다.

지지구조	운 순위	지지구조	운 순위
화화금토	①금 ②수 ③목 ④화	수화화금	①수 ②금 ③목 ④화
금목금수	①수 ②목 ③화 ④금	목화금금	①화 ②목 ③수 ④금
목화토목	①화 ②금 ③수 ④목	금목목토	①금 ②화 ③수 ④목
수화목수	①목 ②화 ③금 ④수	수수토화	①화 ②목 ③금 ④수
토수금토	①금 ②수 ③목 ④화	목수토토	①목 ②수 ③금 ④화

시주	일주	월주	년주
水	火	木	水

연지와 시지의 수성이 일지의 화성을 억제하고 있는데, 월지의 목성이 화성을 구하고 있는 지지구조이다. 이렇게 되면 공식에 의한 운 순위를 적용하지 않고 지지구조에 걸린 운 순위를 적용한다. 그래서 지지에서 구제역할을 하는 목성의 운이 1등, 피해오행인 화성의 운이 2등, 억제하고 있는 수성의 운은 4등, 나머지 하나 금성의 운은 3등이 된다.

시주	일주	월주	년주
火	火	金	水

일지와 시지의 화성이 월지의 금성을 억제하고 있는데, 연지의
수성이 금성을 구하고 있는 지지구조이다. 이렇게 되면 공식에 의
한 운 순위를 적용하지 않고 지지구조에 걸린 운 순위를 적용한다.
그래서 지지에서 구제역할을 하는 수성의 운이 1등, 피해오행인 금
성의 운이 2등, 억제하고 있는 화성의 운은 4등, 나머지 하나 목성
의 운은 3등이 된다.

시주	일주	월주	년주
木	火	金	金

연지와 월지의 금성이 시지의 목성을 억제하고 있는데, 일지의
화성이 목성을 구하고 있는 지지구조이다. 이렇게 되면 공식에 의
한 운 순위를 적용하지 않고 지지구조에 걸린 운 순위를 적용한다.
그래서 지지에서 구제역할을 하는 화성의 운이 1등, 피해오행인 목
성의 운이 2등, 억제하고 있는 금성의 운은 4등, 나머지 하나 수성
의 운은 3등이 된다.

시주	일주	월주	년주
木	火	木	土

　월지와 시지의 목성이 연지의 토성을 억제하고 있는데, 일지의
화성이 토성을 구하고 있는 지지구조이다. 이렇게 되면 공식에 의
한 운 순위를 적용하지 않고 지지구조에 걸린 운 순위를 적용한다.
그래서 지지에서 구제역할을 하는 화성의 운이 1등, 억제하고 있는
목성의 운은 4등, 목성을 생하는 수성의 운은 3등, 하나 남은 금성
의 운이 2등이 된다.

　목성이 토성을 억제할 때는 예외가 있다. 바로 목성의 기운을 지
닌 辰 토성 때문이다. 목성에 의해 토성이 억제당할 때는 辰 토성
은 없어야 한다. 왜냐하면 목성들이 辰 토성을 강하게 억제하지 않
으며, 辰 토성 역시 강하게 피해 보고 있다고 생각하지 않아서다.
그래서 辰 토성은 화성이나 금성에게 구해달라는 다급한 구원의
손길을 뻗지 않는다.

시주	일주	월주	년주
土	水	木	土

　연지와 시지의 토성이 일지의 수성을 억제하고 있는데, 월지의 목성이 수성을 구하고 있는 지지구조이다. 이렇게 되면 공식에 의한 운 순위를 적용하지 않고 지지구조에 걸린 운 순위를 적용한다. 그래서 지지에서 구제역할을 하는 목성의 운이 1등, 피해 보고 있는 수성의 운이 2등, 화성의 운은 4등(토성을 생하므로), 하나 남은 금성의 운은 3등이 된다.

시주	일주	월주	년주
土	水	金	土

　연지와 시지의 토성이 일지의 수성을 억제하고 있는데, 월지의 금성이 수성을 구하고 있는 지지구조이다. 이렇게 되면 공식에 의한 운 순위를 적용하지 않고 지지구조에 걸린 운 순위를 적용한다. 그래서 지지에서 구제역할을 하는 금성의 운이 1등, 피해 보고 있는 수성의 운이 2등, 화성의 운은 4등(토성을 생하므로), 하나 남은 목성의 운은 3등이 된다.

　토성이 수성을 억제할 때는 예외가 있다. 필히 수성과 친한 丑

토성은 없어야 한다. 그리고 목성이 구제오행으로 나설 때는 辰 토성이, 금성이 구제오행으로 나설 때는 戌 토성이 없어야 한다. 그래서 토성이 수성을 억제할 때 지지구조에 걸리는 경우의 도표이다.

지지구조	운 순위	지지구조	운 순위
辰辰수금		戌戌수목	
辰未수금	①금 ②수 ③목 ④화	戌未수목	①목 ②수 ③금 ④화
未未수금		未未수목	

⭕ 토성이 낀 지지구조(土星이 낀 地支構造)

이 지지구조는 한 종류 오행이 두 지지를 차지하여 한 지지의 오행을 억제할 때의 지지구조와 비슷한 경우이다. 다른 점은 억제하고 있는 두 지지 중에 한 지지가 토성이라는 점이다. 예를 들어 申이나 酉 금성이 두 지지를 차지한 채 목성을 억제하고, 다른 지지에 수성이나 화성이 있어 목성을 구하는 구조인 데 반해, 이 지지구조는 지지에 申이나 酉 하나만 있고 다른 지지에 금성의 기운을 지닌 戌 토성이 있는 경우이다. 이런 상황에서 금성에 의해 억제당하고 있는 목성을 수성이나 화성이 구하는 지지구조이다.

그러나 戌 토성이 금성과 함께 목성을 억제하려면 戌 토성 안에 금성의 기운이 70%가 되어야 한다. 그러자면 월지가 申, 酉, 戌월이어야 한다. 적어도 금성의 기운이 70% 정도는 되어야만 목성을 강하게 억제할 수 있기 때문이다. 그래서 未 토성이 끼어 화성이 금성을 억제할 때, 丑 토성이 끼어 수성이 화성을 억제할 때, 戌 토성이 끼어 금성이 목성을 억제할 때는 토성이 낀 지지구조에 걸리지만, 辰 토성이 끼어 목성이 토성을 억제할 때는 지지구조에 걸리지 않는다. 辰 토성이 끼어 목성이 토성을 억제하는 구조는 지지에 토성이 2개가 된다. 이럴 경우 억제당하고 있는 토성이 억제당하고 있음을 모르고 있어서다. 왜? 토성이 2개 있으니까 말이다.

지지구조	운 순위	지지구조	운 순위
수목金戌	①수 ②목 ③화 ④금	화목金戌	①화 ②목 ③수 ④금
수금未火	①수 ②금 ③목 ④화	화목水丑	①화 ②목 ③금 ④수

未 토성이 끼어 화성이 금성을 억제할 때도 구제오행이 수성만 되지, 토성은 되지 않는다. 丑 토성이 끼어 수성이 화성을 억제할 때도 구제오행이 목성만 되지, 토성은 되지 않는다. 왜? 역시 토성이 지지에 2개가 되기 때문이다.

戌 토성이 낀 지지구조

시주	일주	월주	년주
戌	水	金	木

월지에 금성이 하나 있지만 지지구조에 걸리는 경우이다. 월지가 금성의 시기라 시지의 戌 토성 안에 금성의 기운이 70% 발휘하므로 월지의 금성과 합심하여 강력하게 연지의 목성을 억제하고, 일지의 수성이 목성을 구제하고 있기 때문이다. 그래서 수성의 운이 1등, 목성의 운이 2등, 화성의 운이 3등, 금성의 운이 4등이 된다.

시주	일주	월주	년주
火	木	戌	金

월지가 금성의 시기라 戌 토성 안에 금성의 기운이 70%, 그래서
연지의 금성과 합심하여 일지의 목성을 억제하고, 시지의 화성이
목성을 구제하고 있기에 토성이 낀 지지구조에 걸린 경우이다. 그
래서 화성의 운이 1등, 목성의 운이 2등, 수성의 운이 3등, 금성의
운이 4등이 된다.

未 토성이 낀 지지구조

시주	일주	월주	년주
未	金	火	水

월지에 화성이 하나 있지만 지지구조에 걸리는 경우이다. 월지가
화성의 시기라 시지의 未 토성 안에 화성의 기운이 70% 발휘하므
로 월지의 화성과 합심하여 강력하게 일지의 금성을 억제하고, 연
지의 수성이 금성을 구제하고 있기 때문이다. 그래서 수성의 운이
1등, 금성의 운이 2등, 목성의 운이 3등, 화성의 운이 4등이 된다.

시주	일주	월주	년주
未	金	火	土

월지가 화성의 시기라 未 토성 안에 화성의 기운이 70%지만, 금성을 구제하는 오행이 토성이라서 지지구조에 걸리지 않는다. 당연히 未 토성은 금성을 억제하고 싶지만 연지의 토성 때문에 강력하게 억제하지 못한다. 그래서 피해 보고 있는 금성도 다급하게 구원의 손길을 뻗지 않기에 지지구조에 걸리지 않는 것이다.

丑 토성이 낀 지지구조

시주	일주	월주	년주
水	木	丑	火

시지에 수성이 하나 있지만 지지구조에 걸리는 경우이다. 월지가 수성의 시기라 축 토성 안에 수성의 기운이 70% 발휘하므로 시지의 수성과 합심하여 강력하게 연지의 화성을 억제하고, 일지의 목성이 화성을 구제하고 있기 때문이다. 그래서 목성의 운이 1등, 화성의 운이 2등, 금성의 운이 3등, 수성의 운이 4등이 된다.

시주	일주	월주	년주
土	火	水	丑

월지가 수성의 시기라 丑 토성 안에 수성의 기운이 70%지만, 화성을 구제하는 오행이 토성이라서 지지구조에 걸리지 않는다. 당연히 丑 토성은 화성을 억제하고 싶지만 시지의 토성 때문에 강력하게 억제하지 못한다. 그래서 피해 보고 있는 화성도 다급하게 구원의 손길을 뻗지 않기에 지지구조에 걸리지 않는 것이다.

◯ 격국 크기(格局 크기)

격국의 크기란, 흔히 말하는 '많이 배우고 못 배우고, 재물을 많이 가졌고 못 가졌고, 신분이 높고 낮고, 권위가 있고 없고, 인물이 잘났고 못났고, 인기가 많고 적고, 재능이 많고 적고, 출신 성분이 좋고 그렇지 않고'를 파악하는 것이 아니다. 그렇다고 대다수 사람들이 말하는 부(富)와 귀(貴)를 얼만큼 차지할 수 있는지 살피는 것도 아니다.

격국의 크기는 '사람 됨됨이, 치우치지 않는 입장, 인격 형성, 참다운 인간, 마음의 여유, 한결같은 모습' 등을 의미한다. 그래서 세상사에 일비일희하거나 호들갑 떨지 않고, 늘 한결같은 자세와 모습을 유지하는가를 살펴보는 것이다. 격국의 크기가 큰 사람은 어려운 처지에 빠져 있어도 남의 눈에는 그렇게 보이지 않고, 격국의 크기가 작은 사람은 부귀영화를 누리고 있어도 남의 눈에는 그렇게 보이지 않는다는 거다.

크기는 상격과 중격 그리고 하격으로 나눈다. 상격 5%와 하격 5% 그리고 90%는 중격이다. 처음엔 상중하로 나뉘다가, 다시 상의 상중하, 중의 상중하, 하의 상중하로 나뉜다. 그리고 다시 상의 상에서도 상중하, 상의 중에서도 상중하, 상의 하에서도 상중하로 분류하여 총 9단계의 상격이 존재한다. 중격도 마찬가지로 중의 상에서도 상중하, 중의 중에서도 상중하, 중의 하에서도 상중하로 분류하여 총 9단계의 중격이 존재한다. 하격에서도 하의 상에서도 상중하, 하의 중에서도 상중하, 하의 하에서도 상중하로 분류하여 총 9단계의 하격이 존재한다. 이렇게 하여 격국의 크기는 모두 27단계가 된다.

격국의 크기를 나누는 방법은 길신들의 개수와 음양차이로 알 수 있다. 그리고 상격과 하격에 들지 않는 모든 사주는 중격에 해당한다.

상격의 기본구도

* 일반사주인 경우는 지지에 용신과 희신, 진가사주는 가용신과 희신이 각각 1개씩 있어야 한다. 그러므로 길신이 하나뿐인 병약사주와 길신이 없는 무격사주는 출발부터 상격이 될 수 없다.

* 음양차이는 1.1 이하여야 한다.

* 길신이 지지에 모두 있어도 음양차이가 1.1 이상이면 중상중격에서 출발한다.

(@ 표시는 길신표시)

격국 크기	상격			
	하중격		중중격	
천간		@	@ @	@ @ @
지지	@ @	@ @	@ @	@ @

하격의 기본구도

* 음양차이가 1.1 이상이어야 한다.

* 지지에 길신이 없고, 천간에만 길신이 있다.

* 천간에 길신이 있어도 한 오행의 길신이어야 한다. 용신과 희신(가용신과 희신)

  두 종류의 길신이 함께 있으면 중하중격에서 출발한다.

* 음양차이가 1.1 이하면 중하중격에서 출발한다.

(@ 표시는 길신표시)

격국 크기	하격			
	중중격		상중격	
천간		@	@ @	@ @ @
지지				

중격의 기본구도 (@ 표시는 길신표시)

격국 크기	중격			
	하중격	중중격		상중격
천간		@	@ @	@ @ @
지지	@	@	@	@

격국 크기	중격			
	하중격	중중격		상중격
천간	@ @ @	@	@ @	
지지	@ @ @	@ @ @	@ @ @	@ @ @

격국 크기	중격			
	하중격	중중격		상중격
천간	@ @ @	@	@ @	
지지	@ @ @ @	@ @ @ @	@ @ @ @	@ @ @ @

○ 격국 크기 조절방법(格局 크기 調節方法)

길신의 개수와 음양차이로 기본적인 상격, 중격, 하격을 정했다. 그리고 격국의 크기가 커지고 적어지는 것은 천간지지의 합(육합만 적용)과 충 그리고 생극을 보고 정한다. 왜 길신을 보고 정하는가? 길신은 덕이고, 덕은 물질적인 도움이기 때문이다. 물론 물질적인 도움이 많은 것이 무조건 좋은 것은 아니다. 왜냐하면, 태어나 죽을 때까지 평생 덕을 보는 것은 당사자를 약하게 만들 수 있기 때문이다. 또한 길신이 적은 것도 좋은 것은 아니다. 주변의 보살핌이나 도움을 필요할 때 원하는 만큼 받을 수 없으므로 타고난 능력을 100% 발휘하지 못할 가능성이 많아서다. 그럼, 조절방법에 대한 규칙을 알아보자.

* 지지구조에 걸린 사주나 음기양기 사주는 육합과 육충만 살피고 생극은 살피지 않는다.
* 지지구조에서 상생구조라면 끝에서 세 단계가 올라가고, 억제구조라면 끝에서 두 단계 올라간다.
* 두 오행으로 나누어 싸우는 지지구조는 중중중격에서 출발한다.
* 토성이 낀 지지구조는 끝에서 한 단계만 상승한다. 그리고 육합과 육충은 살피고 생극은 살피지 않는다.

* 음기양기 사주는 중중중격에서 출발한다.

시주	일주	월주	년주
辛	乙	丙	甲
巳	卯	子	辰

* 오행비율 - 목성: 1.7, 수성: 1.2, 화성: 1.2, 토성: 0.5, 금성: 0.2

* 일주강약 - 2.9 신강

* 음양차이 - 음기: 1.4, 양기: 2.9, 중성: 0.5

* 녹현방정식 - 목성이 토성을 억제, 화성과 금성이 구제오행, 음양차이 금성을 구제오행으로 선택한다(1차 방정식). 화성이 금성을 억제, 토성과 수성이 구제오행, 토성을 선택한다(2차 방정식). 일반사주로 용신은 재성, 희신은 관성이므로 격국은 (식상)재성생관성격이다. 운 순위는 금성이 1등, 화성이 2등, 목성이 3등, 수성이 4등이다.

* 오신 - 용신: 재성, 희신: 관성, 기신: 비견, 구신: 식상, 한신: 인성

* 심성체질 - 비견체질(목성수치가 1.7)

* 격국 크기 - 길신이 지지에 辰, 천간은 辛이므로 중중중격에서 출발한다. 합충으로는 천간 丙이 辛을 합하여 크기가 줄어들고, 甲 목성이 丙 화성을 생하고, 丙 화성은 辛 금성을 극하므로 끝에서 한 단계 내려가 중중하격이 된다. 지지는 子 수성이 卯 목성을, 卯 목성도 巳 화성을 생하고, 巳 화성이 길신 辰 토성을 생하므로 끝에서 세 단계 상승해 중상하격이 된다.

시주	일주	월주	년주
甲	丁	丙	己
辰	卯	子	巳

* 오행비율 - 목성: 1.7, 수성: 1.2, 화성: 1.2, 토성: 0.7, 금성: 0

* 일주강약 - 2.9 신강

* 음양차이 - 음기: 1.2, 양기: 2.9, 중성: 0.7

* 녹현방정식 - 목성이 토성을 억제, 화성과 금성이 구제오행, 금성이 없어 화성을 구제오행으로 선택한다(1차 방정식). 수성이 화성을 억제, 목성과 토성이 구제오행, 토성을 구제오행으로 선택한다(2차 방정식). 일반사주로 용신은 식상, 희신은 비견이므로 격국은 (재성)식상보비견격이다. 운 순위는 화성이 1등, 목성이 2등, 수성이 3등, 금성이 4등이다.

* 오신 - 용신: 식상, 희신: 비견, 기신: 인성, 구신: 관성, 한신: 재성

* 심성체질 - 인성체질(목성수치가 1.7)

* 격국 크기 - 길신이 지지에 巳와 辰 용신과 희신이 있어 상격에서 출발해야 하나, 음양차이가 1.7이나 나는 바람에 중상중격에서 출발한다. 합충으로는 천간에 甲이 길신 己를 합하였으나, 甲 목성이 길신인 丙 화성을 생하는 바람에 변동은 없다. 지지는 子 수성이 卯 목성을, 卯이 목성이 길신 巳 화성을 생하는 바람에 끝에서 두 단계 상승하여 상하하격이 된다.

시주	일주	월주	년주
戊	壬	丁	癸
申	寅	巳	酉

* 오행비율 - 금성: 2, 화성: 1.4, 목성: 1, 토성: 0.2, 수성: 0.2

* 일주강약 - 2.2 신강

* 음양차이 - 음기: 2.2, 양기: 2.4, 중성: 0.2

* 녹현방정식 - 금성이 목성을 억제, 수성과 화성이 구제오행, 화성을 구제오행으로 선택한다(1차 방정식). 수성이 화성을 억제, 목성과 토성이 구제오행, 목성을 구제오행으로 선택한다(2차 방정식). 일반사주로 용신은 식상, 희신은 재성이므로 격국은 (비견)식상생재성격이다. 운 순위는 지지구조로 화성이 1등, 목성이 2등, 수성이 3등, 금성이 4등이다.

* 오신 - 용신: 식상, 희신: 재성, 기신: 인성, 구신: 비견, 한신: 관성

* 심성체질 - 인성체질(금성수치가 2)

* 격국 크기 - 지지에 길신인 巳와 寅 용신과 희신이 다 있고, 음양차이가 1.1 이하이므로 상하중격에서 출발한다. 그러나 억제 지지구조에 걸리는 바람에 두 단계 상승해 상중하격이 된다. 그리고 지지구조 사주라 생극은 살피지 않고 합충만 살핀다. 巳申, 寅申 합충으로 두 단계 떨어져 다시 상하중격이 된다. 천간은 丁 화성이 戊 토성에게, 丁 화성이 癸 수성에게 기운을 빼앗기지만, 흉신인 戊와 癸가 합하기에 변동이 없다.

시주	일주	월주	년주
甲	甲	癸	甲
戌	午	酉	午

* 오행비율 - 화성: 2, 금성: 1.9, 목성: 0.4, 토성: 0.3, 수성: 0.2

* 일주강약 - 0.6 신약

* 음양차이 - 음기: 2.1, 양기: 2.4, 중성: 0.3

* 녹현방정식 - 화성이 금성을 억제, 토성과 수성이 구제오행, 수성을 구제오행
으로 선택한다(1차 방정식). 토성이 수성을 억제, 금성과 목성이 구제오행, 목
성을 구제오행으로 선택한다(2차 방정식). 금성이 목성을 억제, 수성과 화성이
구제오행, 수성을 구제오행으로 선택한다(3차 방정식). 일반사주로 용신은 인
성, 희신은 비견으로 격국은 (관성)인성생비견격이다. 운 순위는 지지구조로 금
성이 1등, 수성이 2등, 목성이 3등, 화성이 4등이다.

* 오신 - 용신: 인성, 희신: 비견, 기신: 재성, 구신: 관성, 한신: 식상

* 심성체질 - 식상↔관성체질(화성수치가 2, 금성수치가 1.9)

* 격국 크기 - 천간에 길신이 있지만, 용신과 희신 모두 있으므로 중하중격부터
출발한다. 그리고 지지가 상생하는 지지구조(화성이 금성을 억제할 때)라 끝에
서 세 단계 올라 중하중격에서 중중중격이 되었다. 지지구조 사주라 생극은 살
피지 않는다.

시주	일주	월주	년주
壬	辛	丁	壬
辰	丑	未	戌

* 오행비율 - 토성: 2.06, 화성: 1.04, 수성: 0.7, 금성: 0.5, 목성: 0.5

* 일주강약 - 2.56 신강

* 음양차이 - 음기: 1.9, 양기: 1.9, 중성: 1

* 녹현방정식 - 토성이 수성을 억제, 금성과 목성이 구제오행, 금성과 목성은 토성 안에 있으므로 수성을 구할 수 없다(1차 방정식). 병약사주로 병신은 식상, 1약신은 재성, 2약신은 비견이므로 격국은 (비견)식상격(재성)이다. 운 순위는 목성이 1등, 수성이 2등, 금성이 3등, 화성이 4등이다.

* 오신 - 병신: 식상, 1약신: 재성, 2약신: 비견, 기신: 인성, 한신: 관성

* 심성체질 - 인성체질(토성수치가 2.06)

* 격국 크기 - 천간에 한 가지 길신만 있어 하중중격에서 출발해야 하나, 음양의 차이가 1.1 이하이므로 중하중격에서 출발한다. 지지에서 辰戌, 丑未 충하므로 끝에서 두 단계 올라 중중하격이 되었다. 그러나 천간의 丁壬 두 번의 합으로 인해 끝에서 한 단계 떨어져 중하상격이 된다.

시주	일주	월주	년주
戊	庚	丁	丁
寅	午	未	巳

* 오행비율 - 화성: 3.24, 목성: 1, 토성: 0.56, 금성: 0, 수성: 0

* 일주강약 - 0.56 신약

* 음양차이 - 음기: 0, 양기: 4.6, 중성: 0.2

* 녹현방정식 - 화성이 금성을 억제, 토성과 수성이 구제오행, 토성을 구제오행
으로 선택한다(1차 방정식). 목성이 토성을 억제, 화성과 금성이 구제오행, 신
약이지만, 어쩔 수 없이 화성을 구제오행으로 선택한다(2차 방정식). 진가사주
로 가용신은 관성, 희신인 인성, 진용신은 비견이므로 격국은 관성생인성격(비
견)이다. 운 순위는 양기사주인지라 수성이 1등, 금성이 2등, 목성이 3등, 화성
이 4등이다.

* 오신 - 용신: 관성(가), 희신: 인성, 기신: 식상, 구신: 재성, 한신: 비견(진)

* 심성체질 - 관성체질(화성수치가 3.24)

* 격국 크기 - 음기가 없는 양기사주이므로 중중중격에서 출발한다. 그리고 생
극은 살피지 않고 합충만 본다. 지지의 길신인 午와 未가 합하므로 끝에서 한
단계 떨어져 중중하격이 된다.

시주	일주	월주	년주
丁	乙	丁	癸
亥	巳	巳	亥

* 오행비율 - 화성: 2.6, 수성: 2.2, 토성: 0, 금성: 0, 목성: 0

* 일주강약 - 2.2 신강

* 음양차이 - 음기: 2.2, 양기: 2.6, 중성: 0

* 녹현방정식 - 화성이 금성을 억제, 토성과 수성이 구제오행, 신강이지만 어쩔 수 없이 수성을 구제오행으로 선택한다(1차 방정식). 진가사주로 가용신은 인성, 희신인 관성, 진용신은 재성이므로 격국은 인성보관성격(재성)이다. 운 순위는 싸우는 지지구조라 목성이 1등, 화성이 2등, 금성이 3등, 수성이 4등이다.

* 오신 - 용신: 인성(가), 희신: 관성, 기신: 재성(진), 구신: 식상, 한신: 비견

* 심성체질 - 인성↔식상체질(화성수치가 2.6, 수성수치는 2.2)

* 격국 크기 - 지지가 두 오행으로 나눠 싸우는 지지구조 사주는 중중중격에서 출발한다. 그리고 생극은 살피지 않고 합충만 본다. 巳와 亥가 서로 두 번씩이나 충하므로 두 단계 떨어져 중하상격이 된다.

6장

녹현역 실전 및 응용

⭕ 이용육친과 심성체질이 같을 때

이용육친이 나오는 것은 일반사주뿐이다. 그래서 이용육친과 심성체질이 같다는 것은 일반사주에서만 존재한다. 일반사주는 희신을 숨기기 위해 이용하는 육친을 내세운다고 했다. 그래서 일간은 이용육친을 좋아하지 않는다. 그럼에도 불구하고 남과 함께 있을 때는 그런 성향이 있는 척해야 한다. 그런데 심성체질마저 이용육친과 같다면 행동적으로도 이용육친의 성향을 드러내야 한다. 이 어찌 고통스러운 일이 아니겠는가. 심성체질도 좋아하지 않기는 마찬가지인데 말이다. 그럼에도 불구하고 이용육친과 심성체질이 같으면 말과 행동을 이용육친 성향처럼 해야 한다. 억지로, 일부러 그런 모습을 드러내다가 혼자 또는 가족과 있게 되면 이용육친 성향과는 반대가 되는 참모습을 드러낸다. 이러한 현상은 운의 흐름과 관계없이 일어난다.

그렇다면 이러한 삶의 방식을 어떻게 터득했을까? 누가 시킨 것도, 알려준 것도 아니다. 그저 생존본능의 일환으로 몸 스스로가 터득한 것이다. 밖에서 원하지 않은 행동을 했기에 몸이 받은 스트레스를 해소하는 차원에서 아무도 없을 때 밖에서와는 다른 행동을 드러내는 거다. 스트레스를 해소하지 못하면 몸과 정신이 망

가질 수밖에 없으므로 그런 상황에서 빠져나오기 위한 일종의 몸부림이라 할 수 있다. 결국에는 자신도 밖에서 드러낸 언행은 참 내가 아니고, 안에서 보여준 언행이 참 나라고 생각하게 된다. 덕분에 밖에서 어떠한 일을 하든지 간에 최선을 다하지 않을 가능성이 다분하며, 설령 명예를 얻고 돈을 번다고 해도 자신은 만족할 가능성은 거의 없다. 남이 볼 때는 자랑스럽고 부럽고 존경스럽지만, 정작 자신은 그런 대접을 받는 것에 대해 결코 좋아하지 않는다. 자신은 자랑스러운 일도, 부러운 일도, 존경스러운 일도 마지못해 했기 때문이다. 그래서 이런 일들도 발생한다. 가족이 보기에는 완벽하게 정리정돈 잘하고, 능력발휘와 경쟁력도 뛰어나고, 재능도 많은데, 정작 좋은 회사에 취직도 못 하고, 취직해도 능력을 인정받지 못하고, 동료들보다 승진도 늦는 일들을 당한다. 가족으로서는 도무지 이해가 가지 않는다. 왜 내 자식이, 형제가, 남편이, 아내가 그런 대접을 받아야 하는지를 말이다. 밖에서는 그 같은 모습의 반대 모습을 드러내기 때문이다. 이렇게 이용육친과 심성체질이 같아 안팎으로 이중적인 모습을 드러내면서 살아가야 하는 운명의 소유자는 평생 만족스러운 삶을 살기가 무척이나 어렵다.

남성(1967년생)

시주	일주	월주	년주
丁	癸	戊	丁
巳	丑	申	未

庚	辛	壬	癸	甲	乙	丙	丁
子	丑	寅	卯	辰	巳	午	未
73	63	53	43	33	23	13	03

* 오행비율 - 화성: 1.9, 금성: 1.2, 토성: 1.2, 수성: 0.5, 목성: 0

* 일주강약 - 1.7 신강

* 음양차이 - 음기: 2.2, 양기: 2.4, 중성: 0.2

* 녹현방정식 - 화성이 금성을 억제, 토성과 수성이 구제오행, 토성을 구제오행
  으로 선택한다(1차 방정식). 일반사주로 용신은 관성, 희신인 인성이므로 격국
  은 (재성)관성생인성격이다.

* 오신 - 용신: 관성, 희신: 인성, 기신: 식상, 구신: 재성, 한신: 비견

* 심성체질 - 재성체질(화성수치가 1.9)

* 운 순위 - 금성이 1등, 화성이 2등, 목성이 3등, 수성이 4등

* 격국크기 - 중중중격에서 출발, 巳申 합과 丑未 충으로 두 단계 떨어져 중하상
  격. 그리고 巳 화성이 길신 토성을 생하므로 한 단계 상승해 중중하격이 된다.

* 특징 - 이용하는 육친인 재성과 심성체질인 재성체질이 같아 남과 함께 있을
  때는 재성체질 성향이 드러내다가, 혼자 또는 가족(지인)과 함께 있으면 비견의

성향이 드러남.

* 대운 - 세 번째 乙巳대운까지는 2등으로 흐르다가, 네 번째 甲辰대운부터 여덟 번째 庚子대운까지 3~4등으로 흐름.

* 추론 - 이용육친과 심성체질이 재성으로 같다. 그리고 이용육친 재성은 자신이 좋아하는 육친이 아니다. 그런데 심성체질이 재성인지라, 행동적으로 늘 재성의 성향을 드러내며 산다. 자신이 좋아하지 않는 재성의 성향을 행동적으로 늘 드러내면서 산다는 것은 아마도 쉽지 않은 일일 것이다. 그래서 자신을 잘 알지 못하는 사람들과 함께 있을 때는 재성의 성향을 드러내다가도, 자신을 잘 아는 사람들과 함께 있게 되면 재성을 극복하는 비견의 성향을 드러내는 것이다.

* 실제의 삶 - 乙巳대운 이후부터는 3등과 4등으로 흐르고 있다. 이렇게 되면 밖에서는 재성의 성향을, 안에서는 비견의 성향을 더욱 드러낼 것이다. 재성의 성향이란 아내 앞에서는 완전히 애처가지만, 아내가 없는 곳에서는 모든 여성에게 잘 대해준다. 주목을 받고자 오버하는 경향이 있고, 분위기 있는 곳을 유난히 밝힌다. 재치와 유머가 넘치고, 감상적이고 낭만적인 생활을 즐긴다. 이러한 모습은 밖에서의 모습이다. 그러다가 가족이나 지인과 있게 되면, 재성체질의 성향을 버리고 비견의 성향이 드러낸다. 아내를 하인같이 생각해 모든 심부름은 아내에게 맡기고 자신은 손가락 하나 꼼짝하지 않는다. 남자는 하늘이라 남존여비 생활과 유유자적하고 느긋하게 행동한다. 계산적이지 못해 실리를 챙기지 못하고 순진하고 느긋해 경쟁력이 떨어진다. 실제 이 사주의 주인공은 남들 앞에서는 아내를 사랑하며 아내를 위해 사는 애처가인 척하다가 가족과 함께 있게 되면 아내를 하인 다루듯 한다는 거다. 그러나 다행인 것은 아내의 사주가 서로 억제하는 심성체질을 지닌 덕에 남편의 애정을 의심하다가도 다

시 남편의 손길을 기다리는 운명이라서 아직까지 별 탈 없이 잘 지내고 있다.

여성(1970년생)

시주	일주	월주	년주
庚	丁	己	庚
子	亥	卯	戌

辛	壬	癸	甲	乙	丙	丁	戊
未	申	酉	戌	亥	子	丑	寅
71	61	51	41	31	21	11	01

* 오행비율 - 수성: 2, 목성: 1.2, 토성: 0.9, 수성: 금성: 0.7, 화성: 0

* 일주강약 - 1.2 신약

* 음양차이 - 음기: 3.7, 양기: 1.2, 중성: 0.9

* 녹현방정식 - 수성이 화성을 억제, 목성과 토성이 구제오행, 목성을 구제오행으로 선택한다(1차 방정식). 일반사주로 용신은 인성, 희신인 비견이므로 격국은 (관성)인성생비견격이다.

* 오신 - 용신: 인성, 희신: 비견, 기신: 재성, 구신: 관성, 한신: 식상

* 심성체질 - 관성체질(수성수치가 2)

* 운 순위 - 목성이 1등, 화성이 2등, 수성이 3등, 금성이 4등

* 격국크기 - 중하중격에서 출발, 卯戌 합으로 한 단계 내려가 중하하격. 그러나 子와 亥 수성이 卯 목성을 생하는 바람에 한 단계 반 정도 상승하여 대략적으로 중하상격이 된다.

* 특징 - 이용하는 육친인 관성과 심성체질인 관성이 같아 남과 함께 있을 때는 관성체질 성향이 드러내다가, 혼자 또는 가족(지인)과 함께 있으면 식상의 성향이 드러남.

* 대운 - 두 번째 丁卯대운부터 일곱 번째 壬申대운까지 3~4등으로 흐름.

* 추론 - 이용육친과 심성체질이 관성으로 같다. 이용육친 관성은 자신이 좋아하는 육친이 아니다. 그렇지만 심성체질이 관성인지라, 행동적으로 늘 관성의 성향을 드러내며 산다. 자신이 좋아하지 않는 관성의 성향을 행동적으로 늘 드러내면서 산다는 것은 어려운 일이다. 그래서 자신을 잘 알지 못하는 사람들과 함께 있을 때는 관성의 성향을 드러내다가도, 자신을 잘 아는 사람들과 함께 있게 되면 관성을 억제하는 식상의 성향을 드러내는 것이다.

* 실제의 삶 - 남편과 긴 연애 끝에 2002년에 결혼했다. 신혼 초부터 남편과의 잠자리는 한 달에 1회 정도에 그쳤다. 그러다가 2006년부터 잠자리를 하지 않고 있는데, 양가 집안에서는 아이만 태어나길 기다렸다. 남편은 사업을 하는 바람에 잦은 출장과 회식으로 인해 늘 술에 취해 퇴근해 부부간의 잠자리는 물론이거니와 일상생활마저도 위태로운 지경에 이르렀다. 그런데 이 친구는 미혼일 때부터 남자친구들과 잠자리할 기회가 많아 성에 일찍 눈을 떴다. 그래서 이틀에 한 번 정도 잠자리를 하지 않으면 견디기 힘들 정도라 한다. 남편이 싫은 것도 아니지만 욕정을 채우기 위해 남자친구들과 잠자리를 했다고. 더군다나 자신의 사생활을 의심하지 않는 남편이기에 해로하고 싶다고. 그러자면 아이가 있어야 했다. 결국 이 친구는 양가 어른들의 바램을 위해 남자친구의 아이라도 낳아 기르겠다는 생각까지 했다고 한다.

여성(1957년생)

시주	일주	월주	년주
戊	癸	壬	丁
午	酉	子	酉

庚	己	戊	丁	丙	乙	甲	癸
申	未	午	巳	辰	卯	寅	丑
73	63	53	43	33	23	13	03

* 오행비율 - 금성: 2, 수성: 1.4, 화성: 1.2, 토성: 0.2, 목성: 0

* 일주강약 - 3.4 신강

* 음양차이 - 음기: 3.4, 양기: 1.2, 중성: 0.2

* 녹현방정식 - 금성이 목성을 억제, 수성과 화성이 구제오행, 화성을 구제오행으로 선택한다(1차 방정식). 수성이 화성을 억제, 목성과 토성이 구제오행, 토성을 구제오행으로 선택한다(2차 방정식). 일반사주로 용신은 관성, 희신인 재성이므로 격국은 (인성)관성보재성격이다.

* 오신 - 용신: 관성, 희신: 재성, 기신: 식상, 구신: 비견, 한신: 인성

* 심성체질 - 인성체질(금성수치가 2)

* 운 순위 - 화성이 1등, 목성이 2등, 금성이 3등, 수성이 4등

* 격국크기 - 중중중격에서 출발, 子午 충으로 한 단계 내려가 중중하격. 그리고 금생수, 수극화로 길신을 극하기에 최소 두 단계 떨어져 중하중격이 된다.

* 특징 - 이용하는 육친인 인성과 심성체질인 인성이 같아 남과 함께 있을 때는

인성체질 성향이 드러내다가, 혼자 또는 가족(지인)과 함께 있으면 재성의 성향이 드러남.

* 대운 - 두 번째 甲寅대운부터 일곱 번째 己未대운까지 1~2등으로 흐름.

* 추론 - 이용육친과 심성체질이 인성으로 같다. 이용육친 인성은 자신이 좋아하는 육친이 아니다. 그렇지만 심성체질이 인성인지라 행동적으로 늘 인성의 성향을 드러내며 산다. 자신이 좋아하지 않는 인성의 성향을 행동적으로 늘 드러내면서 산다는 것은 어려운 일이다. 그래서 자신을 잘 알지 못하는 사람들과 함께 있을 때는 인성의 성향을 드러내다가도 자신을 잘 아는 사람들과 함께 있게 되면 인성을 억제하는 재성의 성향을 드러내는 것이다.

* 실제의 삶 - 여자가 다니는 대학으로는 명문이라 할 수 있는 대학의 미술과를 졸업했고, 결혼하기 전까지 학생들을 지도하며 살았다. 그러다가 43세가 되는 시기에 결혼했다. 결혼이 늦은 이유는 바로 어머니의 반대 때문이었다. 평소 남자친구를 만나 결혼하고자 어머니께 인사를 하러 가면 어머니는 무조건 반대했다고. 그러면 자신도 어머니의 반대에 군말하지 않고 따라갔다고 한다. 그러다 어머니가 돌아가시자 결혼하게 되었다. 친인척들은 늦은 나이에 좋은 남자 만나 결혼하니 이젠 행복하게 살 거라고 모두 생각했다고 한다. 그런데 결혼하자마자 남편이 일을 하지 않는 바람에 경제적인 부분까지 책임져야 했고, 결국 먹고 살고자 어린이 놀이방을 운영했으나 이 사업도 잘 안 되는 바람에 빚만 지고 말았다고 한다. 자식도 없었으므로 결혼한 지 5년 만에 이혼을 했다.

남성(1962년생)

시주	일주	월주	년주
辛	壬	辛	壬
丑	子	亥	寅

己	戊	丁	丙	乙	甲	癸	壬
未	午	巳	辰	卯	寅	丑	子
79	69	59	49	39	29	19	09

* 오행비율 - 수성: 3.1, 목성: 1, 금성: 0.4, 토성: 0.3, 화성: 0

* 일주강약 - 3.5 신강

* 음양차이 - 음기: 3.8, 양기: 1, 중성: 0

* 녹현방정식 - 수성이 화성을 억제, 목성과 토성이 구제오행, 목성을 구제오행
으로 선택한다(1차 방정식). 일반사주로 용신은 식상, 희신인 재성이므로 격국
은 (비견)식상생재성격이다.

* 오신 - 용신: 식상, 희신: 재성, 기신: 인성, 구신: 비견, 한신: 관성

* 심성체질 - 비견체질(수성수치가 3.1)

* 운 순위 - 목성이 1등, 화성이 2등, 수성이 3등, 금성이 4등

* 격국크기 - 중하중격에서 출발, 寅亥 합으로 한 단계 내려가 중하하격. 子丑 합
으로 다시 중하중격. 그리고 子와 亥가 길신 寅을 생하므로 최소 두 단계 올라
중중하격이 된다.

* 특징 - 이용하는 육친인 비견과 심성체질인 비견과 같아 남과 함께 있을 때는

비견체질 성향이 드러내다가 혼자 또는 가족(지인)과 함께 있으면 관성의 성향이 드러남.

* 대운 - 세 번째 甲寅대운부터 여덟 번째 己未대운까지 1~2등으로 흐름.

* 추론 - 이용육친과 심성체질이 비견으로 같다. 이용육친 비견은 자신이 좋아하는 육친이 아니다. 그렇지만 심성체질이 비견인지라 행동적으로 늘 비견의 성향을 드러내며 산다. 자신이 좋아하지 않는 비견의 성향을 행동적으로 늘 드러내면서 산다는 것은 어려운 일이다. 그래서 자신을 잘 알지 못하는 사람들과 함께 있을 때는 비견의 성향을 드러내다가도 자신을 잘 아는 사람들과 함께 있게 되면 비견을 억제하는 관성의 성향을 드러내는 것이다.

* 실제의 삶 - 1993년 결혼했고, 딸 둘을 낳았다. 둘째 딸을 낳고 잠자리를 하지 않았다. 한 집에 살면서 별거 아닌 별거 생활을 한 끝에 2004년에 이혼을 했다. 이혼 이유가 밖에서는 아내를 자유롭고 편하게 대해주는데, 집에만 돌아오면 보수적이고 고압적으로 태도로 아내를 대해서다. 아내는 열심히 살고자 노력하는데, 남편인 이 친구는 오뉴월 강아지처럼 한가하게 지내면서 술이나 마시고 가정을 돌보지 않았다고. 이 친구 자신도 가정에 소홀했던 점을 인정했고, 그래서 아이들도 아내가 맡기로 합의하고 이혼을 했다고 한다. 문제는 이혼 뒤에 발생했다. 아내와 아이들의 눈에 띄지 말아야 하는데 항상 집 근처에서 서성거렸다고 한다. 이 친구 말로는 자식을 키우지는 못하지만, 자식에게 관심이 많아 멀리 떠나지를 못하고 있다고 한다.

여성(1980년생)

시주	일주	월주	년주
辛	戊	戊	庚
酉	午	子	申

庚	辛	壬	癸	甲	乙	丙	丁
辰	巳	午	未	申	酉	戌	亥
71	61	51	41	31	21	11	01

* 오행비율 - 금성: 2.4, 수성: 1.2, 화성: 1, 토성: 0.2, 목성: 0

* 일주강약 - 1.2 신약

* 음양차이 - 음기: 3.6, 양기: 1, 중성: 0.2

* 녹현방정식 - 금성이 목성을 억제, 수성과 화성이 구제오행, 화성을 구제오행으로 선택한다(1차 방정식). 수성이 화성을 억제, 목성과 토성이 구제오행, 목성을 구제오행으로 선택한다(2차 방정식). 일반사주로 용신은 비견, 희신인 인성이므로 격국은 (식상)비견보인성격이다.

* 오신 - 용신: 비견, 희신: 인성, 기신: 관성, 구신: 재성, 한신: 식상

* 심성체질 - 식상체질(금성수치가 2.4)

* 운 순위 - 화성이 1등, 목성이 2등, 금성이 3등, 수성이 4등

* 격국크기 - 중중중격에서 출발, 子午 충으로 한 단계 내려가 중중하격. 그리고 금생수, 수극화로 길신을 극하므로 최소 세 단계 내려 중하하격이 된다.

* 특징 - 이용하는 육친인 식상과 심성체질인 식상으로 같아 남과 함께 있을 때

는 식상체질 성향이 드러내다가 혼자 또는 가족(지인)과 함께 있으면 인성의 성향이 드러남.

* 대운 - 네 번째 甲申대운까지는 3~4등으로 흐르다가 다섯 번째 癸未대운부터 1~2등으로 흐름.

* 추론 - 이용육친과 심성체질이 식상으로 같다. 이용육친 식상은 자신이 좋아하는 육친이 아니다. 그렇지만 심성체질이 식상인지라 행동적으로 늘 식상의 성향을 드러내며 산다. 자신이 좋아하지 않는 식상의 성향을 행동적으로 늘 드러내면서 산다는 것은 어려운 일이다. 그래서 자신을 잘 알지 못하는 사람들과 함께 있을 때는 식상의 성향을 드러내다가도 자신을 잘 아는 사람들과 함께 있게 되면 식상을 억제하는 인성의 성향을 드러내는 것이다.

* 실제의 삶 - 밖에서 껄렁껄렁하고 방관자, 반항아적인 모습을 드러냈다. 나아가 세상일에 관심이 없는 듯하고 선머슴아 같은 모습을 보였다. 밖에서 그런 모습을 드러내므로 어머니는 걱정을 많이 했다. 그런데 어느 날 갑자기 유학을 떠난다고 하니 마음이 놓이지 않는다고 한다. 그나마 위안이 되는 것은 실컷 놀면서도 공부는 잘했다는 거다. 이 친구에게 물어봤다. 밖에서 왜 그런 모습을 드러내냐고. 그랬더니 자신도 차분하고 침착한, 인내하고 이성적인, 체면 차리고 이미지 관리하는 여성스러운 모습을 드러내면 왠지 자신의 본모습을 까발리는 것 같아 일부러 선머슴아 같은 모습을 드러낸다는 거다.

◯ 용신·가용신·병신과 심성체질이 같을 때

대다수 사람들은 언행 불일치의 삶을 살고 있다. 생각한 대로, 말한 대로 행동할 수 있는 사회, 환경, 조건이 형성되어 있지 않거나, 자신에게 손해 또는 불이익을 가져다줄지 몰라서다. 그럼에도 불구하고 극소수의 사람들은 언행일치의 삶을 살고 있을지도 모른다. 아무튼 이렇게 말하고, 저렇게 행동하며 살아가는 것이 지구인의 생활인 것이다. 그렇다면 언행 불일치 운명의 소유자 삶이 이상하거나 특이하지 않지 않은가? 그렇다, 전혀 문제가 되지 않는다. 단지, 대다수 사람들은 말한 대로, 생각한 대로 행동하지 않을 것임을 알고 있지만, 언행 불일치 운명에 속하는 사람들은 말한 대로, 생각한 대로 행동하며 살고 있다고 믿고 있어서다. 자신이 생각한 대로, 말한 대로 행동하며 살고 있다는 거다. 바로 이 부분이 대다수 사람과 다른 점이다.

대다수 사람은 자신이 인지하고 있는 상태에서 말하고 생각한 대로 행동하지 않을 것임을 알고 있다. 그래서 말(생각)은 과감하고, 호기 있고, 배짱 있게, 뻥 튀겨서, 겁도 없이 떠들어대도 실제 행동으로는 옮기지 못한다. 그런데 언행 불일치 운명의 소유자들은 말하고 생각한 대로 행동하며 살고 있다고 믿는다. 그래서 그들은 다른 사람들도 자신들처럼 언행일치의 삶을 살고 있다고 믿는다. 덕분에 그들은 말을 해도 호기 있거나 배짱 있게, 겁도 없이 뻥 튀겨서 하는 것이 아니라, 현실적이고 사실적이며 행동으로 옮길 수 있는 범위 안의 말만 한다. 그런데 실제의 생활에서는 그들도 말한 것과 생각한 것과는 반대되는 행동을 드러내며 살고 있다. 단지 자신이 인지하지 못하고 있을 뿐이다. 그들은 생각한 대로 행동하지 않으며 살고 있다는 사실조차도 모르고 있다.

이용하는 육친과 심성체질이 같은 운명의 소유자가 안팎으로 다른 모습을 보이는 것은 오로지 몸 스스로가 판단하여 건강하게 지내려고 하는 것이라 했다. 언행 불일치 운명의 소유자들도 몸 스스로 건강하게 살기 위한 생존본능의 일환에서 나오는 본능적인 행동인 것이다. 왜냐하면 사람의 몸은 생각과 행동이 똑같지 않게 살아가야지 생각과 행동이 똑같게 살아가면 탈이 난다. 예를 들어 게임에 빠진 청소년을 보자. 게임에만 몰두하는 바람에 게임 속의 일들이 실제의 일인 양 착각하기도 하고, 정신건강에 문제가 오기도 한다. 어른들도 마찬가지다. 도박, 카지노, 경마에만 빠져 부부관계, 가정경제 등 모두 부분이 파탄이 나도 오로지 도박, 카지노, 경마밖에 모른다. 이런 사람들은 하루 온종일 그 생각에 그 행동이다. 이렇게 되면 정상적인 생활을 할 수가 없으며, 결국 건강까지 망가지는 결과를 초래한다. 그래서 우리의 몸이 반란을 일으키는 것이다.

이렇게 자신도 모르는 사이에 언행 불일치의 삶을 살아야 하는 사주는 한 가지 심성체질이 일반사주는 용신, 진가사주는 가용신, 병약사주는 병신과 같을 때다. 이런 조건의 사주 주인공은 본인이 말한 대로, 생각한 대로 행동하며 살고 있다고 믿게 된다. 실생활에서는 그렇지 않지만 말이다. 그러나 필자가 무엇 때문에 언행이 일치하지 않는다고 알려주면, 대부분 사람들은 인정한다. 그러나 곧 본래의 모습으로 되돌아간다.

여성(1958년생)

시주	일주	월주	년주
戊	甲	癸	**戊**
辰	寅	亥	**戌**

乙	丙	丁	戊	己	庚	辛	壬
卯	辰	巳	午	未	申	酉	戌
78	68	58	48	38	28	18	08

* 오행비율 - 목성: 1.5, 수성: 1.4, 토성: 1.4, 금성: 0.5, 화성: 0

* 일주강약 - 2.9 신강

* 음양차이 - 음기: 1.9, 양기: 1.5, 중성: 1.4

* 녹현방정식 - 목성이 토성을 억제, 화성과 금성이 구제오행, 없거나 토성 안에 있어 구제 활동을 못 한다(1차 방정식). 병약사주로 병신은 재성, 1약신은 식상, 2약신은 관성이므로 격국은 (관성)재성격(식상)이다.

* 오신 - 병신: 재성, 1약신: 식상, 2약신: 관성, 기신: 비견, 한신: 인성

* 심성체질 - 재성체질(토성이 지지에 2개와 천간에 2개)

* 운 순위 - 화성이 1등, 금성이 2등, 수성이 3등, 목성이 4등

* 격국크기 - 중상중격에서 출발, 辰戌 충으로 한 단계 내려가 중상하격. 그러나 寅亥 합으로 원상복귀, 수생목, 목극토로 두 단계 떨어져 중중상격이 된다.

* 특징 - 병신인 재성과 심성체질 재성이 같아 생각은 재성의 성향을 띠지만, 행동으로는 비견의 성향을 드러냄.

* 대운 - 처음부터 여섯 번째 대운까지 1~2등으로 흐름.

* 추론 - 병신과 심성체질이 재성으로 같다. 병신 재성은 자신이 좋아하는 육친이다. 그래서 생각은 늘 재성의 성향을 띤다. 그러나 막상 행동적으로는 비견의 성향을 드러낸다.

* 실제의 삶 - 전업주부로 살고 있었다. 남편이 기술사로 고액연봉을 받는다. 월급을 받으면 아내에게 몽땅 맡긴다. 그렇다면 다른 주부처럼 알뜰살뜰 살림을 꾸려가야 하는데, 계획 없이 즉흥적으로 돈을 낭비한다고 한다. 특히 지인들의 부탁을 거절하지 못하고 돈을 빌려준다고. 빌려주면 거의 받지 못한다. 결국 시댁식구들이 이 사실을 알아 다그쳤지만, 남편이 감싸는 바람에 무사했다. 그러나 결국 자신의 잘못을 알았는지 42세가 되는 1999년에 남편과 협의이혼을 했다.

여성(1970년생)

시주	일주	월주	년주
辛	丁	己	庚
丑	巳	丑	戌

辛	壬	癸	甲	乙	丙	丁	戊
巳	午	未	申	酉	戌	亥	子
78	68	58	48	38	28	18	08

* 오행비율 - 수성: 1.54, 토성: 1.36, 화성: 1, 금성: 0.9, 목성: 0

* 일주강약 - 1 신약

* 음양차이 - 음기: 3.1, 양기: 1, 중성: 0.7

* 녹현방정식 - 수성이 화성을 억제, 목성과 토성이 구제오행, 신약이지만, 토성을 구제오행으로 선택한다(1차 방정식). 진가사주로 가용신은 식상, 희신은 비견, 진용신은 인성이므로 격국은 식상보비견격(인성)이다.

* 오신 - 용신: 식상(가), 희신: 비견, 기신: 인성(진), 구신: 관성, 한신: 재성

* 심성체질 - 식상체질(토성이 지지에 3개 이상)

* 운 순위 - 목성이 1등, 화성이 2등, 금성이 3등, 수성이 4등

* 격국크기 - 중중중격에서 출발, 합충과 생극이 없어 그대로 중중중격이 된다.

* 특징 - 가용신 식상과 심성체질 식상이 같아 생각은 식상의 성향을 띠지만, 행동으로는 인성의 성향을 드러냄.

* 대운 - 다섯 번째 甲申대운까지 3~4등이었다가, 여섯 번째 癸未대운부터는

1~2등의 운으로 흐름.

* 추론 - 가용신과 심성체질이 식상으로 같다. 가용신 식상은 어쩔 수 없이 좋아하는 육친이다. 그래서 생각은 늘 식상의 성향을 띤다. 그러나 막상 행동적으로는 인성의 성향을 드러낸다.

* 실제의 삶 - 어처구니없는 일을 당한 주인공이다. 평소 시누이 가족과 거리낌 없이 지내는 사이였다. 남편이 출장을 떠난 어느 저녁때, 시누이 남편이 집을 찾아왔다. 늘 하던 대로 저녁 먹으면서 술도 한 잔 했고, 시누이 남편의 권유로 노래방도 갔다 왔다. 식탁에 앉아 술을 더 마시다가 취해 혼자 방으로 들어가 잤다. 아침에 눈을 떠보니 옆에 시누이 남편이 코를 골고 자고 있었다. 시누이 남편 아랫도리는 벌거벗은 상태였고, 자신의 아랫도리 역시 벌거벗은 상태였다고. 너무 놀라 이웃 친구한테 달려가 애들이 일어나기 전에 시누이 남편을 깨워서 보내라고 했고, 시누이 남편한테 전화를 걸어 어젯밤의 일로 자신을 귀찮게 하면 남편과 시누이한테 모두 말해 버리겠다고 했다고 한다.

남성(1965년생)

시주	일주	월주	년주
辛	丁	乙	乙
亥	亥	酉	巳

丁	戊	己	庚	辛	壬	癸	甲
丑	寅	卯	辰	巳	午	未	申
77	67	57	47	37	27	17	07

* 오행비율 - 수성: 2, 금성: 1.4, 화성: 1, 목성: 0.4, 토성: 0

* 일주강약 - 1.4 신강

* 음양차이 - 음기: 3.4, 양기: 1.4, 중성: 0

* 녹현방정식 - 수성이 화성을 억제, 목성과 토성이 구제오행, 목성을 구제오행
  으로 선택한다(1차 방정식). 금성이 목성을 억제, 수성과 화성이 구제오행, 수
  성을 구제오행으로 선택한다(2차 방정식). 일반사주로 용신은 관성, 희신은 인
  성이므로 격국은 (재성)관성생인성격이다.

* 오신 - 용신: 관성, 희신: 인성, 기신: 식상, 구신: 재성, 한신: 비견

* 심성체질 - 관성체질(수성수치가 2)

* 운 순위 - 수성이 1등, 목성이 2등, 금성이 3등, 화성이 4등

* 격국크기 - 중상중격에서 출발, 巳亥 두 번의 충으로 중중상격으로 내려왔다.
  금생수로 한 단계 올라가 중상하격이 된다.

* 특징 - 용신 관성과 심성체질 관성이 같아 생각은 관성의 성향을 띠지만, 행동

으로는 식상의 성향을 드러냄.

* 대운 - 네 번째 辛巳대운까지 3~4등이었다가, 다섯 번째 庚辰대운부터는 1~2
등의 운으로 흐름.

* 추론 - 가용신과 심성체질이 관성으로 같다. 용신 관성은 좋아하는 육친이다.
그래서 생각은 늘 관성의 성향을 띤다. 그러나 막상 행동적으로는 식상의 성향
을 드러낸다.

* 실제의 삶 - 어릴 때 부모형제의 속을 태웠고, 결혼 후 여자 문제로 아내의 속
을 엄청 썩였다. 그것보다 더 큰 문제는 성실하고 모범적인 말투로 투자가를 모
집해놓고 책임을 지지 않는 태도이다. 그런 일로 인해 2006년에 태국으로 피
신했다. 여자 문제도 책임을 지지 않는 바람에 엄청난 곤욕을 치렀다. 언젠가
는 이 친구에게 물질적·육체적인 손해를 당한 여자가 찾아와 하소연하길래, 앙
갚음할 수 있는 방법을 찾아내 물질적으로나마 보상받을 수 있게끔 도와준 적
도 있었다.

여성(1981년생)

시주	일주	월주	년주
壬	甲	己	辛
申	寅	亥	酉

丁	丙	乙	甲	癸	壬	辛	庚
未	午	巳	辰	卯	寅	丑	子
72	62	52	42	32	22	12	02

* 오행비율 - 금성: 2.2, 수성: 1.4, 목성: 1, 토성: 0.2, 화성: 0

* 일주강약 - 2.4 신강

* 음양차이 - 음기: 3.6, 양기: 1, 중성: 0.2

* 녹현방정식 - 금성이 목성을 억제, 수성과 화성이 구제오행, 수성을 구제오행
으로 선택한다(1차 방정식). 토성이 수성을 억제, 금성과 목성이 구제오행, 금
성을 구제오행으로 선택한다(2차 방정식). 일반사주로 용신은 관성, 희신은 인
성이므로 격국은 (재성)관성생인성격이다.

* 오신 - 용신: 관성, 희신: 인성, 기신: 식상, 구신: 재성, 한신: 비견

* 심성체질 - 관성체질(금성수치가 2.2)

* 운 순위 - 수성이 1등, 목성이 2등, 화성이 3등, 금성이 4등

* 격국크기 - 중중중격에서 출발, 寅亥 합과 寅申 충으로 두 번 내려가 중하상격.
그러나 상생 지지구조(금성이 목성을 억제)에 걸려 세 단계 상승해서 중중상격
이 된다.

* 특징 - 용신 관성과 심성체질 관성이 같아 생각은 관성의 성향을 띠지만, 행동으로는 식상의 성향을 드러냄.

* 대운 - 다섯 번째 甲辰대운까지 1~2등이었다가, 여섯 번째 乙巳대운부터는 3~4등의 운으로 흐름.

* 추론 - 용신과 심성체질이 관성으로 같다. 용신 관성은 좋아하는 육친이다. 그래서 생각은 늘 관성의 성향을 띤다. 그러나 막상 행동적으로는 식상의 성향을 드러낸다.

* 실제의 삶 - 처녀 시절 때부터 남자로 인한 사건들이 많았다. 하물며 자신의 진로마저도 남자로 인해 바뀌기도 했다. 아무튼 결혼해 가정을 이루었어도 뭇 남자들의 접근으로 인해 사건·사고를 많이 만들었다. 도대체 어떻게 행동하기에 남자들이 사족을 못 쓰고 다가오는 것일까? 바로 자신도 모르게 식상의 성향이 드러나기 때문이다. 즉 개방적으로 보이고, 남편의 눈치도 안 보고, 섹시하면서 야하고, 성적으로 매력이 있고, 본능적·즉흥적이고, 일탈을 일삼고, 마치 자신이 남자인 양 행동하기 때문이다. 이런 모습을 본 남자들은 대시하거나 다가가면 따라줄 것으로 믿고, 무작정 밀어붙인다고 한다. 자신의 생각은 전혀 아님에도 말이다. 특히 단체회식자리에서 술을 마시면 남자들의 유혹이 노골적이라 한다.

⟳ 이용+용신, 가용신+희신이
두 가지 심성체질과 같을 때

앞서 설명한 용신·가용신·병신이 심성체질과 같은 때의 작용하고 똑같다. 예를 들어 길신 이용+용신(가용신+희신)이 재성+관성이고, 심성체질도 재성+관성체질일 때의 경우이다. 이럴 때도 생각은 재성+관성의 성향을 띠지만, 행동은 그것과는 정반대의 육친인 비견의 성향이 나온다는 거다. 만약 길신이 인성+비견, 심성체질도 인성+비견이라면, 생각은 인성+비견의 성향을 띠지만, 행동은 그것과는 정반대의 육친인 재성의 성향이 나온다는 거다.

여성(1969년생)

시주	일주	월주	년주
丙	戊	甲	己
辰	辰	戌	酉

壬	辛	庚	己	戊	丁	丙	乙
午	巳	辰	卯	寅	丑	子	亥
76	66	56	46	36	26	16	06

* 오행비율 - 토성: 1.96, 금성: 1.84, 목성: 0.8, 화성: 0.2, 수성: 0

* 일주강약 - 2.16 신강

* 음양차이 - 음기: 1.84, 양기: 1, 중성: 1.96

* 녹현방정식 - 토성이 수성을 억제, 금성과 목성이 구제오행, 금성을 구제오행으로 선택한다(1차 방정식). 일반사주로 용신은 식상, 희신은 재성이므로 격국은 (비견)식상생재성격이다.

* 오신 - 용신: 식상, 희신: 재성, 기신: 인성, 구신: 비견, 한신: 관성

* 심성체질 - 비견+식상체질(토성수치가 1.96, 금성수치가 1.84)

* 운 순위 - 금성이 1등, 수성이 2등, 화성이 3등, 목성이 4등

* 격국크기 - 중하중격에서 출발, 辰酉 두 번의 합으로 하강하여 하상상격. 그러나 辰戌 두 번의 충으로 다시 올라가 중하중격. 그리고 토생금으로 두 단계 상승하여 중중하격이 된다.

* 추론 - 이용+용신과 심성체질이 비견+식상체질과 같다. 그래서 생각은 비견+식상의 성향을 띠지만, 행동적으로는 관성의 성향을 드러낸다.

* 실제의 삶 - 전문적인 능력을 갖춘 적임자를 찾아 취직을 시켜주거나, 전문능력이 있으면서도 경험이 많은 사람을 회사에 소개시켜주는 헤드헌터의 일을 하고 있다. 1995년에 결혼해 1999년에 아이 낳고 가정을 이끌고 왔다. 그런데 남편이 주식에 손을 대기 시작하면서 계속 손해만 보는 바람에 2001년부터 별거를 시작했다. 별거 기간이 길어지면서도 이혼할 마음은 없다고. 그리고 접근하는 유부남은 많지만, 사랑할 수 있는 남자는 아직까지 없었다고. 그렇지만 별거 중인 남편과 같이 살면 행복하지 않을 것 같아 함께 살 마음은 거의 없다고 한다.

남성(1968년생)

시주	일주	월주	년주
戊	甲	壬	戊
辰	寅	戌	申

庚	己	戊	丁	丙	乙	甲	癸
午	巳	辰	卯	寅	丑	子	亥
79	69	59	49	39	29	19	09

* 오행비율 - 금성: 1.84, 토성: 1.46, 목성: 1.3, 수성: 0.2, 화성: 0

* 일주강약 - 1.5 신강

* 음양차이 - 음기: 2.04, 양기: 1.3, 중성: 1.46

* 녹현방정식 - 금성이 목성을 억제, 수성과 화성이 구제오행, 수성을 구제오행
으로 선택한다(1차 방정식). 토성이 수성을 억제, 금성과 목성이 구제오행, 금
성을 구제오행으로 선택한다(2차 방정식). 일반사주로 용신은 관성, 희신은 인
성이므로 격국은 (재성)관성생인성격이다.

* 오신 - 용신: 관성, 희신: 인성, 기신: 식상, 구신: 재성, 한신: 비견

* 심성체질 - 재성+관성체질(토성은 지지 2, 천간 2개, 금성수치는 1.84)

* 운 순위 - 금성이 1등, 수성이 2등, 화성이 3등, 목성이 4등

* 격국크기 - 중중중격에서 출발, 辰戌 충으로 한 단계 상승해 중중상격. 그러나
寅申 충으로 중중중격. 토생금으로 한 단계 반 정도 상승하나, 천간 토극수로
반은 내려가므로 중중상격이 된다.

* 추론 - 이용+용신과 심성체질이 재성+관성체질과 같다. 그래서 생각은 재성+관성의 성향을 띠지만, 행동적으로는 비견의 성향을 드러낸다.

* 실제의 삶 - 아내는 가정에 대한 책임감이 너무 없다고 늘 불만이다. 아내와 자식이 무엇을 바라는지 전혀 모른다는 거다. 그런데도 말로는 항상 아내와 자식밖에 모른다고 외친다고. 밖에만 나가면 친구들과 많은 시간을 보내고, 집에 귀가하는 시간도 저녁 11시가 넘어야 한다고 한다. 일을 열심히 하고, 활동을 많이 해도 실속을 챙기지 못하고 남 좋은 일만 시켜준다고. 그래서 아내는 남편을 믿을 수 없어서 별거 혹은 이혼을 생각하고 있다고 한다.

여성(1953년생)

시주	일주	월주	년주
壬	丁	乙	癸
寅	巳	卯	巳

癸	壬	辛	庚	己	戊	丁	丙
亥	戌	酉	申	未	午	巳	辰
80	70	60	50	40	30	20	10

* 오행비율 - 목성: 2.4, 화성: 2, 수성: 0.4, 금성: 0, 토성: 0

* 일주강약 - 4.4 신강

* 음양차이 - 음기: 0.4, 양기: 4.4, 중성: 0

* 녹현방정식 - 목성이 토성을 억제, 화성과 금성이 구제오행, 화성을 구제오행으로 선택한다(1차 방정식). 수성이 화성을 억제, 목성과 토성이 구제오행, 토

성이 없어 할 수 없이 목성을 구제오행으로 선택한다(2차 방정식). 진가사주로 가용신은 인성, 희신은 비견, 진용신은 식상이므로 격국은 인성생비견격(식상)이다.

* 오신 - 용신: 인성(가), 희신: 비견, 기신: 재성, 구신: 관성, 한신: 식상(진)

* 심성체질 - 인성+비견체질(목성수치는 2.4, 화성수치는 2)

* 운 순위 - 화성이 1등, 목성이 2등, 수성이 3등, 금성이 4등

* 격국크기 - 중중중격에서 출발, 합충생극이 없어 그대로 중중중격이 된다.

* 추론 - 이용+용신과 심성체질이 인성+비견체질과 같다. 그래서 생각은 인성+비견의 성향을 띠지만, 행동적으로는 재성의 성향을 드러낸다.

* 실제의 삶 - 미국에 있는 회사에서 10년 넘게 근무하면서 2인자의 위치까지 올라갔다. 그리고 남자를 만나 약혼하고 동거를 시작했다. 생활의 여유가 생기자 남편은 예전의 못된 버릇(바람)이 나오기 시작했다고. 그 바람에 미국에서의 안정적인 모든 것을 포기하고 1996년에 홀로 귀국했다. 미국에서의 경력을 인정받아 회사에 강의와 자문도 해주었다고. 또한 경력과 능력을 높이 평가한 지인들이 십시일반 자금을 모아 1999년에 영화산업(애니메이션)을 시작하게 되었다. 그러나 국내 사정을 잘 알지 못했던 탓에 못된 사람들의 수작에 넘어가 손해를 보면서 본의 아니게 소송에 휘말렸다고 한다. 자신에게 도움을 주었던 분들께 은혜를 갚고 싶어 필자를 찾아왔다. 돈을 벌기 위해선 어떠한 고생도 마다치 않겠다며 상담을 마쳤다.

○ 희신과 심성체질과 같을 때

희신과 심성체질이 같은 운명의 소유자는 생각한 대로 살고자 끊임없이 노력한다. 이러한 조건에 맞는 사주는 일반사주와 진가사주뿐이다. 녹현방정식을 살펴보면, 억제오행에 의해 피해오행이 발생하고, 피해오행을 구하기 위해 구제오행이 나온다. 구제오행이 나오는 것은 오로지 피해오행을 구하기 위함이다. 피해오행은 일반사주나 진가사주 모두 희신이다. 희신이 얼마나 중요하면 일반사주에서는 희신을 숨기기 위해 이용육친을 내세우고, 진가사주에서는 진용신까지 두는가 말이다. 그런데 심성체질이 희신과 같다면, 운의 흐름과 관계없이 행동거지가 바로 꿈이 된다.

이런 운명의 소유자는 틈만 나면, 할 수만 있다면, 시간이 된다면 꿈(희신) 성향을 현실에서 이루고자 한다. 그리고 세상 모든 것을 자신의 잣대대로 판단하게 된다. 그래서 어느 하나에 빠지면 오로지 그것만을 위해 살아가게 된다. 특히 운이 하강할 때는 그 정도가 매우 심해진다. 심성체질의 삶이 자신이 평생 바라고 갈망했던 삶이기에 일말의 갈등도 없이, 누구도 의식하지 않고, 거리낌 없는 행동까지도 한다. 오로지 앞만 바라보고 달려가므로 중단도, 후회도 하지 않는다.

그렇다면 자신만은 행복해야 한다. 왜냐하면 희신이 원하는 삶을 살았으므로 당연한 결과가 아닌가 말이다. 남이야 어찌 생각하든 말든 자신만 행복하면 되니까 말이다. 그런데 그렇지 못한 까닭은 무엇인가? 정작 자신은 희신이 원하는 삶을 살면서도 행복하다거나 만족스럽다는 느낌을 받지 못한다. 왜냐하면 희신이 바라는 삶이란 끝이 없는 삶이기 때문이다. 예를 들어 희신과 심성체질이 인성인 경우, 배우고 싶은 향학열과 신분상승에 대한 욕망에, 희신과 심성체질이 재성이라면 돈을 모아 자신만의 삶의 재미를 위한 욕망에, 희신과 심성체질이 비견이라면 모두가 함께 일하고 나누는 공동체적인 삶의 욕망에, 식상이 희신과 심성체질이라면 몸을 사리지 않고 도전적인 삶의 욕망에, 희신과 심성체질이 관성이라면 출세·권위에 대한 삶의 욕망에 사로잡혀서다. 그리고 바라는 만큼 되거나 모이면, 그것보다 더 나은 것을 바라기에 결국 만족스럽지 않은 것이다.

여성(1965년생)

시주	일주	월주	년주
戊	乙	壬	乙
寅	巳	午	巳

庚	己	戊	丁	丙	乙	甲	癸
寅	丑	子	亥	戌	酉	申	未
76	66	56	46	36	26	16	06

* 오행비율 - 화성: 3.2, 목성: 1.2, 토성: 0.2, 수성: 0.2, 금성: 0

* 일주강약 - 1.4 신강

* 음양차이 - 음기: 0.2, 양기: 4.4, 중성: 0.2

* 녹현방정식 - 화성이 금성을 억제, 토성과 수성이 구제오행, 토성을 구제오행으로 선택한다(1차 방정식). 목성이 토성을 억제, 화성과 금성이 구제오행, 화성을 구제오행으로 선택한다(2차 방정식). 수성이 화성을 억제, 목성과 토성이 구제오행, 토성을 구제오행으로 선택한다(3차 방정식). 일반사주로 용신은 재성, 희신은 식상이므로 격국은 (관성)재성보식상격이다.

* 오신 - 용신: 재성, 희신: 식상, 기신: 비견, 구신: 인성, 한신: 관성

* 심성체질 - 식상체질(화성수치는 3.2)

* 운 순위 - 화성이 1등, 목성이 2등, 수성이 3등, 금성이 4등

* 격국크기 - 중중중격에서 출발, 목생화로 한 단계 상승하여 중중상격이 된다.

* 추론 - 희신과 심성체질이 식상으로 같다. 그래서 오로지 식상이 원하거나 의미하는 삶의 방향으로만 살아간다.

* 실제의 삶 - 남편이 찾아와 상담을 의뢰한 케이스다. 10년 동안 꾹 참고 살아왔지만, 이젠 결단을 내려야 할 때인 것 같아서 찾아왔다고 한다. 아이가 없는 것은 문제가 되지 않지만 아내의 성격은 문제라 한다. 여성스러운 부분이 한 군데도 없다는 거다. 처갓집 식구들도 결혼한 지 일 년이 지나면 이혼당할 것이라 말했을 정도라고 한다. 말하고 행동하고 생각하는 모든 것이 남성스럽게 보여 누가 데려간들 과연 잘 살 수 있을지, 내조는 잘할 수 있을지, 남편과 뜻이 잘 맞을 수 있을지, 친정식구들은 걱정했던 것이다. 남편 입장에서는 아내의 정신상태가 의심스럽고, 정상적이지 않은 것 같다는 생각을 하게 되었다. 아내에게 정을 붙이고 살아보려고 해도 마음이 가지 않았지만, 결혼할 때 처갓집으

로부터 물질적인 도움을 받은 것도 있고 해서 헤어지는 것을 차일피일 미루다 보니 여기까지 왔다고 한다.

남성(1941년생)

시주	일주	월주	년주
乙	戊	辛	辛
卯	子	丑	巳

癸	甲	乙	丙	丁	戊	己	庚
巳	午	未	申	酉	戌	亥	子
80	70	60	50	40	30	20	10

* 오행비율 - 수성: 1.84, 목성: 1.2, 화성: 1, 금성: 0.4, 토성: 0.36

* 일주강약 - 1.36 신강

* 음양차이 - 음기: 2.6, 양기: 2.2, 중성: 0

* 녹현방정식 - 수성이 화성을 억제, 목성과 토성이 구제오행, 목성을 구제오행으로 선택한다(1차 방정식). 금성이 목성을 억제, 수성과 화성이 구제오행, 수성을 구제오행으로 선택한다(2차 방정식). 토성이 수성을 억제, 금성과 목성이 구제오행, 목성을 구제오행으로 선택한다(3차 방정식). 일반사주로 용신은 관성, 희신은 재성이므로 격국은 (인성)관성보재성격이다.

* 오신 - 용신: 관성, 희신: 재성, 기신: 식상, 구신: 비견, 한신: 인성

* 심성체질 - 재성체질(수성수치는 1.84)

* 운 순위 - 목성이 1등, 화성이 2등, 금성이 3등, 수성이 4등

* 격국크기 - 상하중격에서 출발, 子丑 합으로 한 단계 하락해 상하하격. 그리고 토성이 낀 지지구조에 걸려 한 단계 상승해 다시 상하중격이 된다.

* 추론 - 희신과 심성체질이 재성으로 같다. 그래서 오로지 재성이 원하거나 의미하는 삶의 방향으로만 살아간다.

* 실제의 삶 - 이명박 전 대통령의 사주로 유난히 돈에 집착했다. 바로 심성체질과 희신이 재성으로 같아서다. 그래서 운의 흐름과 관계없이 자신의 주머니만 채우기에 급급했던 것이다. 이렇게 태어난 것이 안타깝고 불쌍하기도 하다. 법을 위반한 건수가 14범이니 뭐니 하는 것도 다 돈 때문이다. 돈 내지 않으려고, 손해 안 보려고, 발버둥 치다가 법을 위반해서다. 하물며 서울시장과 대통령이 되어서도 어떻게 하면 자신의 주머니를 채울까 하는 생각에 거짓말을 수없이 해댔고, 국민을 속이기까지 했다. 대통령 자리에서 물러나면 후환이 두려워, 여당 대통령 후보인 박근혜의 약점을 만들어 함께 공유하는 잔머리까지 굴렸다. 대한민국 국민은 불쌍하기만 하다. 국민을 위한 대통령이 아닌, 자기밖에 모르는 대통령을 뽑아 놓고 나라 경제는 물론 나라의 젖줄인 4대강까지 망쳐 버렸으니 말이다.

여성(1959년생)

시주	일주	월주	년주
壬	辛	乙	己
辰	酉	亥	亥

癸	壬	辛	庚	己	戊	丁	丙
未	午	巳	辰	卯	寅	丑	子
71	61	51	41	31	21	11	01

* 오행비율 - 수성: 2.4, 금성: 1, 목성: 0.7, 토성: 0.7, 화성: 0

* 일주강약 - 1.7 신강

* 음양차이 - 음기: 3.4, 양기: 0.7, 중성: 0.7

* 녹현방정식 - 수성이 화성을 억제, 목성과 토성이 구제오행, 목성을 구제오행으로 선택한다(1차 방정식). 금성이 목성을 억제, 수성과 화성이 구제오행, 수성을 구제오행으로 선택한다(2차 방정식). 토성이 수성을 억제, 금성과 목성이 구제오행, 목성을 구제오행으로 선택한다(3차 방정식). 일반사주로 용신은 재성, 희신은 식상이므로 격국은 (관성)재성보식상격이다.

* 오신 - 용신: 재성, 희신: 식상, 기신: 비견, 구신: 인성, 한신: 관성

* 심성체질 - 식상체질(수성수치는 2.4)

* 운 순위 - 목성이 1등, 수성이 2등, 금성이 3등, 화성이 4등

* 격국크기 - 중상중격에서 출발, 辰酉 합으로 한 단계 상승해서 중상상격. 그리고 토생금, 금생수로 두 단계 상승해 상하중격이 된다.

* 추론 - 희신과 심성체질이 식상으로 같다. 그래서 오로지 식상이 원하거나 의미하는 삶의 방향으로만 살아간다.

* 실제의 삶 - 현재까지도 이중적인 삶을 사는 주인공이다. 남편도 자신의 이중적인 삶을 알고 있지만, 능력이 없는지라 탓하지를 않는다고. 자신 역시 애인을 만날 때 당당하지는 못하더라도 죄의식이나 미안한 느낌도 없다고 한다. 어느 때는 사랑하지 않는데 헤어져 버리고 싶다가도, 가정경제를 생각하면 다시 만나게 된다고. 1998년 이중적인 생활을 시작하여 어느덧 20년이 다 되어간다고 한다. 가장 힘든 것은 전업주부인데 남편은 집에 두고 매일매일 밖으로 나가는 것이라 한다.

◯ 운(運)

운은 10년 대운, 1년 세운, 1달 월운, 1일 일진 등 네 가지로 분류된다. 참고로 여기서 논하는 운은 대운을 지칭한다. 왜 대운을 의미하는가 하면, 타고난 삶을 살 것인지, 그렇지 않은 삶을 살 것인지 결정하는 것이 대운이기 때문이다. 그래서 네 가지 운을 100%라고 했을 때, 80% 이상의 영향력을 대운이 좌지우지하고, 15% 정도는 세운이, 나머지 5%는 월운과 일운의 영향이다. 그러나 우리는 영향력이 지대한 대운의 변화는 쉽게 느끼지 못하지만, 영향력이 미미한 일운의 변화에는 민감하게 반응한다. 하루하루 다르게 다가오는 미묘한 기분의 차이에 따라 사람은 일희일비하기 때문이다. 이것은 아마 사람도 감정의 동물이라서 그럴 것이다. 그렇지만 사람에게 지대한 영향을 끼치는 것은 대운임을 잊어서는 안 된다. 참고로 필자는 대운으로 의식의 변화를 읽고, 세운으로는 사건·사고를 예측한다.

한마디로 표현하면 사주는 꼭두각시, 운은 연출자라 할 수 있다. 꼭두각시가 무엇을 할 수 있단 말인가? 연출자의 지시에 의해 이리 까닥, 저리 까닥, 이리 뒹굴, 저리 뒹굴 할 뿐이다. 꼭두각시 혼자서는 손가락 하나 꿈적할 수 없지 않은가? 그렇다. 운의 흐름에 의해 자신이 원하는 삶을 살 수도 있고, 그렇지 못한 삶을 살 수도 있다. 상담을 하면 할수록 느끼는 것은 사람의 의식성향과 무의식성향은 사주에 타고난다지만, 우리가 사는 다양하고 복잡한 사회에 적응하도록 도움을 주는 것은 바로 운의 영향임을 더욱더 강하게 느낀다. 가치관의 변화, 의식의 전환, 무의식적인 언행, 감성적인 부분, 이성적인 부분, 가족 간의 유대관계, 대인관계, 사회성 등 운의 영향력이 인생 전반 어느 한 곳이라도 미치지 않는 곳이 없을 정도로 운은 막강한 힘을 지녔다. 이처럼 막강한 영향력을 지닌 운에 대해 가장 중요한 부분 몇 가지만 다뤄보자.

그리고 1등에서 2등으로, 2등에서 1등으로, 3등에서 4등으로, 4등에서 3등으로 바뀌는 것은 운의 변화가 없다. 1·2등에서 3·4등으로, 3·4등에서 1·2등으로 바뀔 때 운의 변화가 있다. 왜냐하면 1·2등의 운은 자신이 원하는 성향의 삶을 살 수 있고, 3·4등의 운에서는 그렇지 못한 삶을 살기 때문이다. 그리고 삶의 변화가 이뤄지는 시점은, 운의 순위가 바뀐 대운부터가 아니라 그 전의 대운부터 시작된다. 예를 들어 세 번째 대운까지는 1·2등(3·4등)이었다가, 네 번째 대운부터 3·4등(1·2등)이면 세 번째 대운부터 삶의 변화가 이뤄진다는 거다.

삶의 만족도

지금까지 우리의 의식을 지배하고 있는 소위 '운 좋은 사람들' 범주에는 명예를 쥐었거나, 부자가 되었거나, 공부 잘해서 학위를 받았거나, 유명한 스포츠 스타가 되었거나, 유명한 연예인이 되었거나, 출세한 정치인이 되었거나, 희귀한 것을 발견한 사람들 등을 일컫는다. 반면 돈 잘 벌다가 쉬거나, 정치하다가 본업으로 돌아가거나, 교수나 선생을 하다가 농촌에 들어가 농사짓거나 글을 쓰거나, 의사나 약사를 하다가 다른 일을 하거나 약초를 심거나, 연예인이나 스포츠 스타가 뜸하게 나오거나 보이지 않는다거나 하면 대뜸 '운발이 떨어져 한 물갔어!'라고 생각하게 된다. 즉, 현실적으로 살아가는 모습을 보고 운이 좋거나 나쁘다고 판단했으며, 그런 상담 방식을 대부분의 역학자가 받아들여 남들 보기에 좋으면 운이 좋은 것이고, 보기엔 초라하면 운이 나쁜 것으로 받아들였었다.

그러나 그것은 진실이 아니다. 그저 과거 몇천 년간은 급격하게 변하지 않았던 시대라서 출세하려면 좋은 집안의 태생이든지, 아니면 과거시험에 응시해야만 벼슬을 할 수 있었고, 먹고 살 수 있는 재물을 받을 수 있었다. 이미 신분에 따라 잘 살 수 있는 사람과 그렇지 못한 사람으로 나누어지는데도 잘 사는 사람은 운이 좋은 것으로, 가난하게 사는 사람은 운이 나빠서라고 치부했다. 극히 적은 수의 사람만이 신분의 귀천을 뛰어넘어 변화가 다양한 삶을 살아왔다. 과연 남 보기에 잘 살고 출세하면 운이 좋은 것이고, 그렇지 않으면 운이 나쁜 것인가? 정말로 부귀귀천으로 운의 길흉을 말할 수 있단 말인가? 아니면 이 세상에 태어나 하고픈 것 하면 운이 좋고, 그렇지 못하면 운이 나쁜 것인가? 이 책을 읽는 독자들도 단순히 남이 보는 삶이나 부귀귀천으로 운의 좋고 나쁨을 가리는 것은 아님을 알 것이다.

　세상에 태어난 목적은 저마다 다르다. 누구는 돈을 열심히 버는 것이고, 누구는 남을 위해 봉사와 희생을 하는 것이며, 누구는 권력을 잡는 것이고, 누구는 알아주지 않아도 선구자가 되는 것이며, 누구는 학문적인 성취를 하는 것이고, 누구는 게임이나 노는 방식을 개발하는 것 등 이루 헤아릴 수 없을 만큼 각각의 목적을 지니고 태어난다. 더러는 가족과 자신을 돌보지 않는 일을 하고, 위험을 무릅쓰고 산이나 바다를 탐험하고, 자신이 희생자가 되더라도 남을 위해 계몽하며, 환경이 오염되지 않도록 투쟁하고, 권익을 보호하고자 데모도 하고, 올바른 사회를 만들기 위해 밑거름이 되기도 한다. 이러한 일들을 할 수 있고 없음은 바로 운이 결정하는 거다. 운이 좋다면 타고난 목적을 이루지만, 그렇지 못하면 전혀 원하지 않았던 삶을 살게 된다. 그런데 원하지 않았던 삶에도 재물, 권력, 학문, 명예, 인기 등이 들어있다면, 운이 좋지 않을 때 그것들을 가질 수가 있다는 말이 된다. 운이 좋지 않음에도 불구하고 남 보기에 잘 나가는 모습을 지닐 수 있고, 운이 좋은데도 불구하고 남 보기에 잘 나가지 못하는 모습을 보일 수도 있음을 어떻게 이해할 것인가? 결국 운의 길흉이란 자신이 만족할 수 있는 삶인가, 아닌가를 판단하는 역할을 한다는 것이다.

의식의 변화

"저 사람은 참 순진했었는데 어느 날부터 난폭해졌어!", "엄청 구두쇠였는데 갑자기 돈을 쓰기 시작했어!", "매우 합리적이고 이성적이었는데 언제부터인지 자기밖에 모르고 감정적이야!", "가정밖에 모르는 분인데 이젠 집에 일찍 들어가지 않아!", "계산적인 사람이었는데 이젠 술도 잘 사!", "어수룩한 구석이 많았는데 똑똑해졌어!", "물렁물렁한 사람인데 이젠 바늘도 안 들어가!", "바람만 피우다가 언제부터인지 부인에게 꼼짝 못 한대!" 등의 말들을 우리 주변에서는 흔하게 들을 수 있다. 이 세상에 태어난 사람이라면 누구를 막론하고 위에 열거한 경우가 아니더라도 변화는 있게 마련이고, 그 변화가 남이 알아볼 수 있을 만큼의 변화인지 아니면 자기 자신만 확인 가능한 미세한 변화인지만 다를 뿐이다.

서양에서는 심리학 프로그램을 활용해 사람마다 소질과 성향 그리고 기질과 기능 등 모든 것을 파악해 그에 알맞은 교육, 직업, 질병, 직책, 거주지, 취미, 범죄, 배우자 나아가 기업, 종교, 국가에까지 그 자료를 이용한다고 한다. 문제는 오늘과 내일의 심리상태가 다르고, 일 년 전과 일 년 후가 다른데, 한 번 테스트한 자료를 가지고 그 사람의 모든 것을 판단한다면 모순이 아닐 수 없다. 그래서 심리학을 전공한 사람들이 말하는 심리학의 가장 큰 맹점은 테스트할 때마다 심리상태 결과가 일치하지 않는다는 거다. 사람의 마음처럼 간사한 것이 없다고 했지만, 순간순간 달라지는 마음을

신이 아닌 이상 무슨 수로 알 수 있을까? 그렇다면 마음의 변화는 왜 오는 것일까? 그것은 바로 운의 흐름 때문이다.

착한 사람이 악해지고, 악한 사람이 착해지고, 융통성 있는 사람이 답답하게 변하고, 막힌 사람이 융통성 있게 바뀌고, 이타적인 사람이 이기적으로, 밖으로만 돌던 사람이 가정으로, 돈만 아는 사람이 베풀고, 권력밖에 모르는 사람이 희생과 봉사로, 통하지 않았던 사람이 통하고, 인정이 없던 사람이 인정 있게, 멋만 내는 사람이 소탈하게, 책임감 없는 사람이 책임감 있게, 비양심적인 사람이 양심적으로, 막가파인 사람이 법과 질서를, 계산적인 사람이 이해타산이 없는 사람으로, 운동만 좋아하는 사람이 학구적으로 변하는 등 이루 헤아릴 수 없을 만큼의 변화가 있을 수 있다. 그러한 바탕에는 심리의 변화가 깔려 있다. 미세할지라도 심리의 변화가 있었기에 행동이나 말이 달라진 것이며, 결국 전반적인 삶의 모습까지 변화하게 만든다. 여기서 중요한 것은 바로 그 변화를 운이 주관하고 있음을 우리는 간과해서는 안 된다는 거다.

직업의 변화

과거에는 천직이 무엇인지 묻는 사람들이 종종 있었다. 태어날 때부터 무엇을 해서 평생 먹고 살라고 했는지를 찾아달라는 질문이었다. 필자 역시 그런 물음에 나름대로 최선을 다해 답해주기도 했었다. 그러던 어느 날, 아니 컴퓨터가 보편화되기 시작하면서부터이다. 처음엔 컴퓨터가 무엇인지도 모르고 있었으므로 컴퓨터 관련 직업이 있는가 보다 했다. 그래서 상담할 때 가끔씩 컴퓨터 계통이 잘 맞는다고 말해주었다. 그러던 중에 내담자가 컴퓨터의 어느 분야가 맞는지 말해달라는 것이었다. 갑자기 당황했다. 컴퓨터면 다 되는 줄 알았는데, 어느 사이에 프로그래머, 디자이너, 애니메이션, 서비스 부분, 웹 프로그래머, 웹 매니저, 인터넷 관리자, 홈페이지 제작 등 컴퓨터와 관련된 수많은 분야로 나뉘기 시작했기 때문이다.

그로 인해 천직이라는 개념을 곰곰이 생각해보지 않을 수 없었다. 거의 변화가 없었던 예전 사회에는 천직이라는 개념이 있을 수 있겠지만, 요즘처럼 하루가 다르게 변하는 시대에는 천직이라는 개념은 적용할 수 없음을 알았다. 더구나 IMF 시대가 지나가자 한 가지 직업만으로는 평생을 먹고 살거나, 한창 일할 수 있는 나이임에도 퇴직이나 이직을 생각해야 하고, 대학을 나와도 취직할 자리가 사라지는 시대에 천직이라는 개념은 무의미하다는 결론에 도달했다. 그저 운의 흐름을 파악해 만족할 수 있는 방향으로 나갈 때와 그렇지 못한 방향으로 나갈 때를 가려 각자에게 맞는 직업을 선택해줘야 한다. 이렇듯 직업을 선택하거나 변경하는 것도 타고난 사주에 있지 않고 살아가면서 맞이하는 대운의 흐름에 달려 있음을 잊어서는 안 된다.

◯ 대운이 급격하게 상승할 때의 추론

사람이 태어나면 어릴 적은 부모의 보호 아래 성장하고, 성인이 되면 자립하고, 배우자 만나 가정을 이루고, 자식을 낳아 기른 후 자식을 독립시키고, 서서히 생을 마칠 준비를 하는 방향으로 나아간다. 누구나 이런 방식의 삶으로 살아갈 것이다. 이 와중에 운이 급격하게 상승한다는 것은, 자신이 바라고 있는 삶이 이뤄질 수 있다는 거다. 그렇다면 자신이 원하는 삶을 어느 시기에 이루는 것이 가장 좋을까?

수많은 임상실험에 의하면 30대와 40대에 변화가 오는 운명의 소유자들이 만족스러운 삶을 살아감을 알았다. 아마 어느 정도 사회생활을 경험한 다음에 운이 상승해야만 자신이 원하는 삶을 생이 끝날 때까지 살 수 있기 때문이다. 그런데 요즘처럼 장수하는 시대에는 50대에 운이 상승해도 자신이 바라는 삶을 살 수 있는 운명의 소유자들도 있다. 물론 모두 다 그런 것은 아니지만 말이다. 그렇다면 운이 급격하게 상승한다는 것은 어떤 흐름인가? 태어날 때부터 3등 또는 4등의 운에 머물러 있다가 30대나 40대 혹은 50대에 1~2등의 운을 맞이하는 경우이다.

그중에서도 가장 운의 흐름이 좋은 경우는 네 번째 대운까지는

3~4등으로 흐르다가 다섯 번째 대운부터 1~2등으로 흐르는 경우이다. 이런 운 흐름의 소유자는 대학을 졸업하고 사회초년병 시절까지 3~4등의 운에 있으므로 만족스러운 삶을 살 수가 없다. 그래서 남 보기와는 다르게 자신은 불편하고, 부담 느끼고, 사회생활이 맞지 않고, 적성과는 다르고, 몸 아프고 힘들고, 구박받고, 어쩔 수 없이 해야 하는 등의 심적 압박감 또는 육체적 압박감을 받게 될 것이다. 그러다가 30대가 넘으면서부터 1~2등의 대운을 만나므로 졸지에 자신이 원하는 생활인 좋은 곳으로 이직하고, 이전하고, 독립하고, 아이템 개발해 창업하고, 사업하고, 유학 가고, 프리랜서가 되고, 투자가를 만나고, 스카우트 제의도 받는 등 만족스러운 사회활동을 하게 된다. 또한 자신의 책임 아래 가정을 막 꾸미기 시작했거나 꾸미고자 할 때의 변화라서 부담도 크지 않을 때이다. 더구나 사회에 첫발을 내디딜 때부터 원하지 않았던 사회활동으로 쓴맛을 봤기에 30대에 다가온 달콤한 사회생활이나 활동을 오래도록 유지하고자 애쓰게 된다는 거다.

두 번째로 좋은 운의 흐름은 다섯 번째 대운까지는 3~4등의 운이었다가 여섯 번째 대운부터 1~2등으로 흐르는 경우이다. 이럴 경우 40대에 운이 상승하게 되는데, 이렇게 되면 30대에 운이 상승하는 소유자보다는 변화된 사회생활이나 자신의 삶에 대해 100% 만족하지 않을 가능성도 있다. 왜냐하면 30대보다는 10년 정도 늦게 오는 변화이기 때문이다. 40대 전까지의 사회생활이나 활동이 만족스럽지 않았어도 몸에 익숙해졌기에 갑작스러운 변화에 대응하거나 적응하기가 쉽지 않아서다. 이미 자신이 책임져야 할 배우자와 자식 그리고 사회적 위치도 있기 때문이다. 그럼에도 불구하고 홀가분하고 만족스러운 그 무엇인가는 느낄 것이다. 40대 전까지 만족스럽지 않은 생활이나 활동을 하다가, 40대 이후 만족스러운 생활이나 활동을 하니 말이다. 또한 운이 바뀌었음에도 불구하고 40대 이전의 직종이나 직업 또는 업종에 종사하는 사람들도 있다. 그래서 사회적인 성공이나 출세는 하지 않더라도, 나름 삶을 즐기고 재밌게 살아갈 수 있다. 그리고 심성체질에 따라 큰돈을 벌 거나 사회적 출세를 하는 소유자들도 있다.

그리고 마지막으로 여섯 번째 대운까지는 3~4등의 운이었다가 일곱 번째 대운부터 1~2등으로 흐르는 경우이다. 이럴 경우 50대에 운이 상승한다. 그러나 과거엔 운이 급격하게 상승한다고 보지 않았다. 그런데 수명이 급격히 늘어난 지금의 시대에는 볼 수밖에 없다. 더구나 일자리는 줄어들고, 조기퇴직·명예퇴직하고, 임금은 삭감되고, 청년실업도 늘어나면서 노인들도 일하지 않으면 안 되는 시기를 맞이했다. 그래서 50대부터 운이 급격하게 상승하는 경우도 좋다고 하지 않을 수가 없게 되었다. 그러나 50대에 삶의 변화가 오기는 쉽지 않은 일이다. 40대에 변화를 주는 것보다는 훨씬 더 많은 것을 신경 써야 하기 때문이다. 자녀 문제, 건강문제, 재산문제, 배우자 관계, 사회적 위치문제, 노후대비문제 등 이루 말할 수 없을 만큼 많다. 그래서 30대나 40대에 운이 상승하는 경우보다 한층 더 조심스럽다. 그래서 심성체질이 과감하거나 적극적이거

나 욕심이 대단한 성향을 지닌 운명의 소유자라야만 그나마 변화
된 삶을 만끽하거나 느낄 수 있을 것이다.

여성(1969년생)

시주	일주	월주	년주
壬	甲	壬	己
申	子	申	酉

庚	己	戊	丁	丙	乙	甲	癸
辰	卯	寅	丑	子	亥	戌	酉
77	67	57	47	37	27	17	07

* 오행비율 - 금성: 3.2, 수성: 1.4, 토성: 0.2, 화성: 0, 목성: 0

* 일주강약 - 1.4 신강

* 음양차이 - 음기: 4.6, 양기: 0, 중성: 0.2

* 녹현방정식 - 금성이 목성을 억제, 수성과 화성이 구제오행, 수성을 구제오행
  으로 선택한다(1차 방정식). 토성이 수성을 억제, 금성과 목성이 구제오행, 금
  성을 구제오행으로 선택한다(2차 방정식). 일반사주로 용신은 관성, 희신은 인
  성이므로 격국은 (재성)관성생인성격이다.

* 오신 - 용신: 관성, 희신: 인성, 기신: 식상, 구신: 재성, 한신: 비견

* 심성체질 - 관성체질(금성수치는 3.2)

* 운 순위 - 화성이 1등, 목성이 2등, 금성이 3등, 수성이 4등

* 격국크기 - 중중중격에서 출발하고 합충생극이 없어 그대로 중중중격이 된다.

* 운 흐름 - 태어나 다섯 번째 丁丑대운까지 3~4등으로 흐르다가, 여섯 번째 戊寅부터 1~2등으로 흐름.

* 실제의 삶 - 이런 흐름이라면, 다섯 번째 丁丑대운부터 삶의 변화가 시작된다. 그래서 40대 전과 후의 삶에 변화가 있다. 40대 전까지는 살림만 하다가, 40대가 넘으면서 여성의류를 파는 가게를 개점했다. 40대가 넘어서는 서서히 자신이 원하는 운으로 향해 나아가므로 지금보다 더 나은 생활을 위해 가게를 개점했다고 한다. 그리고 동네 주택가에 가게를 개점한 것은 아이들 뒷바라지를 위해서라 했다. 가게가 집에서 멀면 집안일에 소홀해지고, 아이 교육에도 문제가 생길까 봐 상가가 밀집된 곳으로 가지 않았다고 한다. 이 역시 자신이 원하는 삶의 변화가 오더라도 40대 이후로 오는 것이라 그 전까지의 생활과는 완전히 단절된 생활을 한다는 것이 쉽지 않아서다. 그럼에도 불구하고 밖에 나와 활동하면서 돈도 버는 것이 무척 즐겁고 재미가 있다고 한다.

남성(1975년생)

시주	일주	월주	년주
庚	壬	己	乙
戌	子	卯	卯

辛	壬	癸	甲	乙	丙	丁	戊
未	申	酉	戌	亥	子	丑	寅
71	61	51	41	31	21	11	01

* 오행비율 - 목성: 2.4, 수성: 1, 토성: 0.9, 금성: 0.5, 화성: 0

* 일주강약 - 1.5 신강

* 음양차이 - 음기: 1.5, 양기: 2.4, 중성: 0.9

* 녹현방정식 - 목성이 토성을 억제, 화성과 금성이 구제오행, 금성을 구제오행으로 선택한다(1차 방정식). 진가사주로 가용신은 인성, 희신은 관성, 진용신은 재성이므로 격국은 인성보관성격(재성)이다.

* 오신 - 용신: 인성(가), 희신: 관성, 기신: 재성(진), 구신: 식상, 한신: 비견

* 심성체질 - 식상체질(목성수치는 2.4)

* 운 순위 - 화성이 1등, 금성이 2등, 수성이 3등, 목성이 4등

* 격국크기 - 중중중격에서 출발. 卯戌 두 번의 합과 천간 乙庚 합도 있어 두 단계 내려가 중하상격. 그리고 수생목, 목극토하여 두 단계 더 내려가 중하하격이 된다.

* 운 흐름 - 태어나 네 번째 乙亥대운까지 3~4등으로 흐르다가 다섯 번째 甲戌대운부터 1~2등으로 흐름.

* 실제의 삶 - 이런 운의 흐름이라면 30대 전과 후의 삶이 달라지고, 이런 운의 흐름을 지닌 소유자가 가장 만족스럽다고 했다. 30대 전에는 자신이 원하지 않았던 삶을 살다가 30대 후부터는 자신이 원하는 삶을 살게 된다. 그래서 그랬는지는 모르지만, 고등학교 때는 공부에 별로 신경을 쓰지 않았다. 돈을 빨리 벌 목적으로 사업을 시작했다. 그렇게 20대가 지나가고 30대가 가까워오자 단위농협 직원으로 들어갔다고. 그러다 2~3년 뒤에는 중앙농협은행 직원으로 발탁되었다. 상업고등학교를 다닌 것도 아니고, 대학을 졸업한 것도 아닌데도 중앙농협 직원이 된 것이다. 그리고 30대 초반에 진정 사랑했던 여자와는 헤어지는 아픔을 겪기도 했다. 이처럼 30대에 삶의 변화가 이뤄지면 드라마틱한 삶이 펼쳐지기도 한다.

남성(1957년생)

시주	일주	월주	년주
丙	甲	甲	丁
寅	子	辰	酉

丙	丁	戊	己	庚	辛	壬	癸
申	酉	戌	亥	子	丑	寅	卯
76	66	56	46	36	26	16	06

* 오행비율 - 목성: 2.04, 수성: 1, 금성: 1, 화성: 0.4, 토성: 0.36

* 일주강약 - 3.04 신강

* 음양차이 - 음기: 2, 양기: 2.44, 중성: 0.36

* 녹현방정식 - 목성이 토성을 억제, 화성과 금성이 구제오행, 금성을 구제오행으로 선택한다(1차 방정식). 화성이 금성을 억제, 토성과 수성이 구제오행, 토성을 구제오행으로 선택한다(2차 방정식). 일반사주로 용신은 재성, 희신은 관성이므로 격국은 (식상)재성생관성격이다.

* 오신 - 용신: 재성, 희신: 관성, 기신: 비견, 구신: 식상, 한신: 인성

* 심성체질 - 비견체질(목성수치는 2.04)

* 운 순위 - 금성이 1등, 화성이 2등, 수성이 3등, 목성이 4등

* 격국크기 - 상하중격에서 출발. 辰酉 합으로 한 단계 떨어져 상하하격. 그리고 수생목, 목극토로 두 단계 더 내려가 중상중격이 된다.

* 운 흐름 - 태어나 다섯 번째 己亥대운까지 3~4등으로 흐르다가, 여섯 번째 戊

戌대운부터 1~2등으로 흐름.

* 실제의 삶 - 이런 운의 흐름이라면 40대 전과 후의 삶이 달라진다. 40대 전까지는 원하지 않았던 삶 또는 활동을 하다가 40대 후부터는 자신이 원했던 삶을 살 수 있기 때문이다. 그래서 그랬는지 2000년쯤에 잘 다니던 대기업을 그만두고, 홀로 주식거래를 하였다. 만약 식상+재성의 영향을 받지 않았다면 회사를 그만두지 않았을 것이다. 그런데 1998년부터 우리사주로 인해 많은 이득을 보았다. 그렇게 시작한 주식매매로 인해 끝내 회사까지 그만두게 만들었다. 식상+재성의 삶이란 물질적 풍요로움 아래 삶을 재밌고 낭만적으로 살고자 한다. 그래서 그즈음부터는 물질적 풍요로움을 얻고자 주식매매에 올인한 것이다. 그런데 심성체질이 비견이다. 비견의 특성은 욕심이 적고, 경쟁하지 않고, 유유자적하게 사는 모습이다. 그래서 욕심 없는 모습과 양보하는 모습만 드러낸다. 돈을 벌려면 남보다 더 근면 성실, 경쟁력·능력 발휘, 이기적·계산적이 되어야 하는데 말이다.

여성(1963년생)

시주	일주	월주	년주
庚	壬	壬	癸
戌	寅	戌	卯

庚	己	戊	丁	丙	乙	甲	癸
午	巳	辰	卯	寅	丑	子	亥
74	64	54	44	34	24	14	04

* 오행비율 - 목성: 2, 금성: 1, 토성: 0.66, 수성: 0.4, 화성: 0

* 일주강약 - 2.14 신강

* 음양차이 - 음기: 2.14, 양기: 2, 중성: 0.66

* 녹현방정식 - 목성이 토성을 억제, 화성과 금성이 구제오행, 금성을 구제오행으로 선택한다(1차 방정식). 진가사주로 가용신은 인성, 희신은 관성, 진용신은 재성이므로 격국은 인성보관성격(재성)이다.

* 오신 - 용신: 인성(가), 희신: 관성, 기신: 재성(진), 구신: 식상, 한신: 비견

* 심성체질 - 관성+인성↔식상체질(목성과 토성이 싸우는 구조, 금성수치가 1.74)

* 운 순위 - 화성이 1등, 금성이 2등, 목성이 3등, 수성이 4등

* 격국크기 - 중중중격에서 출발. 卯戌 합으로 한 단계 반 정도 내려가고, 천간 금생수로 반 정도 더 내려가 총 두 단계 하강한 중하상격이 된다.

* 운 흐름 - 태어나 여섯 번째 戊辰대운까지 3~4등으로 흐르다가, 일곱 번째 己巳대운부터 1~2등으로 흐름.

* 실제의 삶 - 이런 운의 흐름이라면 50대 전과 후의 삶이 달라진다. 50대 전까지는 원하지 않았던 삶 또는 활동을 하다가 50대 후부터는 자신이 원했던 삶을 살 수 있기 때문이다. 그러나 삶의 변화가 오기에는 무척 어려운 세 가지 심성체질을 지녔다. 그럼에도 불구하고 생각만큼은 많이 바뀌었다. 현재 직장생활을 하고 있지만, 오래 다닐 수 없을 것 같아서 감리사 자격증 공부를 하고 싶다고. 그리고 조건이 좋을 때 퇴직하려고 하나, 회사에서는 허락하지 않는다한다. 그래서 회사 다니면서 틈틈이 공부하고 있다고 한다. 예전보다 훨씬 밝아진 모습에 당당해진 느낌을 받는다. 여기서 중요한 점은 50대 의식의 변화가 오더라도 생활의 변화까지 오기에는 무척 어렵다는 점이다. 그럼에도 불구하고 생각의 변화는 어김없이 찾아온다.

남성(1965년생)

시주	일주	월주	년주
壬	辛	丁	乙
辰	未	亥	巳

己	庚	辛	壬	癸	甲	乙	丙
卯	辰	巳	午	未	申	酉	戌
74	64	54	44	34	24	14	04

* 오행비율 - 화성: 1.5, 수성: 1.4, 토성: 1.2, 목성: 0.7, 금성: 0

* 일주강약 - 1.2 신약

* 음양차이 - 음기: 1.4, 양기: 2.9, 중성: 0.5

* 녹현방정식 - 화성이 금성을 억제, 토성과 수성이 구제오행, 토성을 구제오행
으로 선택한다(1차 방정식). 일반사주로 용신은 인성, 희신은 비견이므로 격국
은 (관성)인성생비견격이다.

* 오신 - 용신: 인성, 희신: 비견, 기신: 재성, 구신: 관성, 한신: 식상

* 심성체질 - 무체질(기신+구신인 재성+관성성향)

* 운 순위 - 금성이 1등, 화성이 2등, 목성이 3등, 수성이 4등

* 격국크기 - 중중중격에서 출발. 巳亥 충으로 한 단계 올라가 중중상격. 화생토
로 한 단계 더 올라가 중상하격이 된다.

* 운 흐름 - 태어나 여섯 번째 辛巳대운까지 3~4등으로 흐르다가, 일곱 번째 庚
辰대운부터 1~2등으로 흐름.

* 실제의 삶 - 이런 운의 흐름이라면 50대 전과 후의 삶이 달라진다. 50대 전까지는 원하지 않았던 삶 또는 활동을 하다가 50대 후부터는 자신이 원했던 삶을 살 수 있기 때문이다. 50대가 될 때까지 자동차를 수리하는 직장 그것도 오로지 몇 군데만 다녔으나, 50대가 넘어서자 직장을 옮기고 싶다고 한다. 나이가 있어 문제지만 돈을 더 벌기 위해서는 모험을 해야겠다고. 동료와 함께 다른 회사로 옮기려고 하는데, 가능하겠냐고 묻는 것이었다. 운의 흐름에 변화가오자 나이가 들어도 이직을 하려고 하는 것이다.

여성(1963년생)

시주	일주	월주	년주
甲	庚	辛	癸
申	午	酉	卯

己	戊	丁	丙	乙	甲	癸	壬
巳	辰	卯	寅	丑	子	亥	戌
75	65	55	45	35	25	15	05

* 오행비율 - 금성: 2.4, 목성: 1.2, 화성: 1, 수성: 0.2, 토성: 0

* 일주강약 - 2.4 신강

* 음양차이 - 음기: 2.6, 양기: 2.2, 중성: 0

* 녹현방정식 - 금성이 목성을 억제, 수성과 화성이 구제오행, 화성을 구제오행으로 선택한다(1차 방정식). 일반사주로 용신은 관성, 희신은 재성이므로 격국은 (인성)관성보재성격이다.

* 오신 - 용신: 관성, 희신: 재성, 기신: 식상, 구신: 비견, 한신: 인성

* 심성체질 - 비견체질(금성수치가 2.4)

* 운 순위 - 화성이 1등, 목성이 2등, 수성이 3등, 금성이 4등

* 격국크기 - 상하중격에서 출발. 卯酉 충으로 한 단계 내려가 상하하격. 그러나 억제 지지구조라 두 단계 올라가 상하상격이 된다.

* 운 흐름 - 태어나 네 번째 乙丑대운까지 3~4등으로 흐르다가, 다섯 번째 丙寅 대운부터 1~2등으로 흐름.

* 실제의 삶 - 이런 운의 흐름이라면 30대 전과 후의 삶이 달라진다. 30대 전까 지는 원하지 않았던 삶 또는 활동을 하다가 30대 후부터는 자신이 원했던 삶 을 살 수 있기 때문이다. 친정을 떠나고 싶어 일찍 결혼했다. 덕분에 애정보다 는 남자의 능력을 봤다. 그러다가 운에 변화가 오자 사랑을 찾기 시작했다. 그 즈음에 남편은 고향으로 내려가 사업을 하는 바람에 자연스럽게 주말부부가 되었다. 그러자 이 사주의 주인공은 동창회와 공부모임 등에 참여하면서 마음 에 드는 남자를 찾기 시작했다. 아무런 방해 받지 않고 지금까지도 진정 사랑 하는 남자를 만나고 있다고 한다.

◯ 대운이 급격하게 하강할 때의 추론

　운이 급격하게 하강한다는 것은, 태어날 때는 대운이 1~2등에 있다가 20대와 30대, 또는 40대와 50대에 3~4등의 운을 맞이하는 경우이다. 이렇게 되면 초반이나 중반까지는 자신이 바라는 대로의 삶을 살다가 점차 만족스럽지 못한 삶을 살게 된다. 이 중에서도 당혹감과 실망감 혹은 좌절이나 실패를 극적으로 경험하는 운의 소유자는 다섯 번째 대운까지 1~2등으로 흐르다가 여섯 번째 대운부터 3~4등의 운으로 흐르는 경우이다. 이렇게 되면 40대 전과 후의 삶이 달라지며, 자신뿐만 아니라 가족에게까지 영향이 미칠 수 있기 때문이다. 나아가 사회적으로나 대인관계에까지 많은 영향을 미칠 수 있어서다. 또한 변화된 삶에 적응하기에도 늦은 나이고, 무엇인가 시작하기에도 애매한 나이이기 때문이다.

　그 다음으로 충격이 있는 운의 소유자는 네 번째 대운까지 1~2등에 있다가, 다섯 번째 대운부터 3~4등으로 흐르는 경우이다. 이렇게 되면 30대 전과 후의 삶이 달라진다. 사회생활을 시작할 때는 나름 자신이 원하는 방향으로 나아가고 있다가 30대가 넘어서부터는 원하지 않은 방향으로 나아가기 때문이다. 한창 왕성한 사회생활을 할 때인데, 자신이 바라는 대로의 삶의 방향으로 나아가지 못했을 때 오는 초조감이나 불안감은 이루 말할 수 없이 심해서다. 더구나 가장 민감한 진로와 결혼에 대해서도 자신감 있게 대응할 수가 없다. 그럼에도 불구하고 시간적 여유는 있다. 30대에 변화가 되기에 만족스럽지 않지만 재출발을 할 수 있어서다.

그 다음으로는 세 번째 대운까지는 1~2등에 머물다가 네 번째 대운부터 3~4등으로 흐르는 경우이다. 이렇게 되면 20대 전과 후의 삶이 달라진다. 20대라면 대학교에 갓 입학할 나이거나 고등학교 졸업 후 사회생활을 막 시작할 때이다. 어쩌면 이 시기에 삶의 변화는 자신도 모르게 이뤄질 수도 있다. 왜냐하면 고등학교와 대학교의 생활도 다르고, 고등학생 때와 사회인의 생활도 달라서다. 이처럼 생활의 환경이 바뀔 때 삶의 변화가 이뤄지면 본인이 인지하지 못할 수도 있다. 그래서 중고등학생 때 품었던 미래 삶의 모습이 대학생이나 사회인이 되면서는 전부 사라지고, 현실에 적응하기 위해 노력하는 자신만 발견할 뿐이다. 만에 하나 현실에 잘 적응해 물질적 풍요를 누리거나, 명예적으로 권위로운 위치에 오르더라도 만족감은 느낄 수 없다. 다만, 자신이 살고자 했던 삶만 그리울 뿐이다.

마지막으로는 여섯 번째 대운까지 1~2등에 머물다가, 일곱 번째 대운부터 3~4등으로 흐르는 경우이다. 이렇게 되면 50대 전과 후의 삶이 달라진다. 사실 이런 운의 흐름이라면 과거에는 변화가 있다고 보지 않았다. 그러나 요즘처럼 수명이 늘어나 나이가 들어도 기초적인 의식주 생활을 하지 않으면 안 되기 때문에 이런 운의 흐름도 이제는 변화가 있다고 본다. 그래서 고달픈 50대라 부르기도 한다. 쉬어야 할 나이에 자녀 문제, 건강문제, 재산문제, 배우자 관계, 사회적 위치문제, 노후대비문제 등 이루 말할 수 없을 만큼 많다. 그래서 30대나 40대에 의식의 변화가 이뤄지는 것보다는 한층 더 조심스럽다. 그렇기에 누구나 다 삶의 변화를 받아들여 생활에 변화를 주기보다는 심성체질에 따라 누구는 생활이 바뀌고, 누구는 바뀌지 않을 수도 있다.

남성(1961년생)

시주	일주	월주	년주
丙	庚	甲	辛
子	辰	午	丑

丙	丁	戊	己	庚	辛	壬	癸
戌	亥	子	丑	寅	卯	辰	巳
73	63	53	43	33	23	13	03

* 오행비율 - 화성: 1.4, 수성: 1.3, 토성: 1.2, 목성: 0.7, 금성: 0.2

* 일주강약 - 1.4 신강

* 음양차이 - 음기: 2.2, 양기: 2.1, 중성: 0.5

* 녹현방정식 - 화성이 금성을 억제, 토성과 수성이 구제오행, 수성을 구제오행으로 선택한다(1차 방정식). 토성이 수성을 억제, 금성과 목성이 구제오행, 목

성을 구제오행으로 선택한다(2차 방정식). 금성이 목성을 억제, 수성과 화성이

구제오행, 화성을 구제오행으로 선택한다(3차 방정식). 수성이 화성을 억제, 목

성과 토성이 구제오행, 목성을 구제오행으로 선택한다(4차 방정식). 일반사주

로 용신은 재성, 희신은 관성이므로 격국은 (인성)재성생관성격이다.

* 오신 - 용신: 재성, 희신: 관성, 기신: 비견, 구신: 식상, 한신: 인성

* 심성체질 - 무체질(기신+구신이 비견+식상성향)

* 운 순위 - 목성이 1등, 화성이 2등, 금성이 3등, 수성이 4등

* 격국크기 - 중중중격에서 출발. 子午 충으로 한 단계 내려가 중중하격. 子丑

합으로 한 단계 상승해 중중중격. 수극화, 화생토로 두 단계 내려가 중하상격

이 된다.

* 운 흐름 - 태어나 네 번째 庚寅대운까지 1~2등으로 흐르다가, 다섯 번째 己丑

대운부터 3~4등으로 흐름.

* 실제의 삶 - 이런 운의 흐름이라면 30대 전과 후의 삶이 달라진다. 30대 전까

지는 원하는 삶을 살거나 활동을 하다가 30대 후부터는 자신이 원하지 않았던

삶을 살기 때문이다. 이 사주의 주인공은 어릴 적부터 경제관념과 계산이 빨라

가족들은 훗날 경제나 경영 쪽으로 진출할 줄 알았다고 한다. 대학 졸업 후에

친구들과 함께 인터넷게임 사업을 하게 되었고, 그 중에서도 내담자는 돈 관련

업무를 맡았다고 한다. 결혼도 자신이 좋아하는 여성 만나 했고, 자식도 낳는

등 행복한 생활을 했다. 그런데 30대가 넘어서자 사업도 서서히 기우는 바람

에 집에 있는 시간이 많아지면서 아내와의 다툼이 일어났다고. 애들은 커가면

서 생활비는 늘어나는데 주인공의 수입을 줄어들고 있으니 말이다. 그러자 아

내가 일을 하려고 하자 부부싸움은 걷잡을 수 없는 지경까지 이르렀고, 부부간

의 다툼과 갈등이 심할 때, 필자를 찾았다. 해결책으로 아내랑 떨어져 살아라,

애들은 아내가 키우고, 남편은 고향으로 내려가 있다가 주말부부처럼 지내라 등 나름 해결책을 제시했다. 그러나 그렇게 하지도 못하고 끝내 아내가 집을 나가버렸다. 주인공은 할 수 없이 재산의 반을 아내에게 주고 고향으로 내려갔다. 이처럼 운이 급격하게 하락하면 커다란 변화가 일어난다.

여성(1963년생)

시주	일주	월주	년주
壬	戊	丁	癸
戌	寅	巳	卯

乙	甲	癸	壬	辛	庚	己	戊
丑	子	亥	戌	酉	申	未	午
71	61	51	41	31	21	11	01

* 오행비율 - 목성: 2, 화성: 1.4, 토성: 0.5, 금성: 0.5, 수성: 0.4

* 일주강약 - 1.9 신강

* 음양차이 - 음기: 0.9, 양기: 3.4, 중성: 0.5

* 녹현방정식 - 목성이 토성을 억제, 화성과 금성이 구제오행, 화성을 구제오행으로 선택한다(1차 방정식). 수성이 화성을 억제, 목성과 토성이 구제오행, 목성을 구제오행으로 선택한다(2차 방정식). 일반사주로 용신은 관성, 희신은 인성이므로 격국은 (재성)관성생인성격이다.

* 오신 - 용신: 관성, 희신: 인성, 기신: 식상, 구신: 재성, 한신: 비견

* 심성체질 - 관성체질(목성수치가 2)

* 운 순위 - 화성이 1등, 금성이 2등, 수성이 3등, 목성이 4등

* 격국크기 - 중중중격에서 출발. 卯戌 합으로 한 단계 상승해 중중하격. 그러나 상생지지구조라 세 단계 올라 중상하격이 된다.

* 운 흐름 - 태어나 다섯 번째 壬戌대운까지 1~2등으로 흐르다가, 여섯 번째 癸亥대운부터 3~4등으로 흐름.

* 실제의 삶 - 이런 운의 흐름이라면 40대 전과 후의 삶이 달라진다. 40대 전까지는 원하는 삶을 살거나 활동을 하다가 40대 후부터는 자신이 원하지 않았던 삶을 살기 때문이다. 젊었을 때 궁금한 점이 있어 방송에서 유명하다는 안모라는 역학자를 찾아갔다. 그런데 그가 하는 말이 "어떠한 것을 해도 되지 않고, 돈도 모아지지 않으며, 남의 밑에서 일할 수도 없는 운명이다."라고 했다는 것이었다. 그러면서 역학을 공부해 인생 상담을 하는 것이 가장 잘 맞는 것이라며 공부하기를 권했다. 나이도 나이지만 꿈에도 생각하지 않았던 역학 공부를 역학자의 말에 따라 안모의 제자에게 몇백만 원을 주면서 공부를 했다고. 그러나 배우면 배울수록 적성과 맞지 않음을 느꼈고, 인생 상담이라는 직업도 싫고 해서 결국 포기했다. 결과적으로는 역학자의 말만 믿었다가 돈과 시간만 손해 본 꼴이 되어 내심으로 억울했지만 역학자의 말만 믿은 자신도 잘한 것이 없다는 생각에 항의 한 번 해보지 못했다고 한다. 아무튼 1991년에 오빠의 친구와 결혼했다고 한다. 어릴 때부터 자신을 유난히 좋아했기에 미련 없이 결혼했다고. 그런데 나이 40세가 넘자 사랑이 시든 것도 아닌데도 남편과 마주하기가 거북해져 별거를 시작했고, 마침내 2005년에 이혼을 했다고 한다. 필자와 상담했을 때 자신이 가장 잘할 수 있는 인테리어 분야에서 일을 하고 싶다고 했다. 아마 지금은 그 분야에서 일을 열심히 하고 있을 거라 생각한다.

남성(1962년생)

시주	일주	월주	년주
壬	癸	丙	壬
戌	卯	午	寅

甲	癸	壬	辛	庚	己	戊	丁
寅	丑	子	亥	戌	酉	申	未
71	61	51	41	31	21	11	01

* 오행비율 - 목성: 2, 화성: 1.4, 토성: 0.5, 금성: 0.5, 수성: 0.4

* 일주강약 - 0.9 신약

* 음양차이 - 음기: 0.9, 양기: 3.4, 중성: 0.5

* 녹현방정식 - 목성이 토성을 억제, 화성과 금성이 구제오행, 화성을 구제오행으로 선택한다(1차 방정식). 수성이 화성을 억제, 목성과 토성이 구제오행, 토성을 구제오행으로 선택한다(2차 방정식). 일반사주로 용신은 관성, 희신은 재성이므로 격국은 (인성)관성보재성격이다.

* 오신 - 용신: 관성, 희신: 재성, 기신: 식상, 구신: 비견, 한신: 인성

* 심성체질 - 식상체질(목성수치가 2)

* 운 순위 - 화성이 1등, 금성이 2등, 수성이 3등, 목성이 4등

* 격국크기 - 중상중격에서 출발. 卯戌 합으로 한 단계 내려가 중상하격. 그러나 상생지지구조라 세 단계 올라 상하하격이 된다.

* 운 흐름 - 태어나 네 번째 庚戌대운까지 1~2등으로 흐르다가 다섯 번째 辛亥

대운부터 3~4등으로 흐름.

* 실제의 삶 - 이런 운의 흐름이라면 30대 전과 후의 삶이 달라진다. 30대 전까지는 원하는 삶을 살거나 활동을 하다가 30대 후부터는 자신이 원하지 않았던 삶을 살기 때문이다. 어릴 적 엄친아로 불리었다. 초·중·고·대학교까지 누구나 부러워하는 엄친아의 모습을 드러냈다. 대학 졸업 후 미국으로 유학을 떠났고, 유학을 마치고 귀국할 때는 한국에 있는 미국기업에 취직이 된 상태였다. 그런데 회사에서 실력은 인정받고는 있었지만 그만큼의 대접은 받지 못했다고. 그래서 다른 회사로 이직했다. 그러나 한 직장에 오래 머물지 못하고 이곳저곳을 떠돌다가 지금은 대기업에 들어가 일을 하고 있지만 불안하다고 한다. 어릴 적 어머니가 자신에게 쏟았던 정성에 비하면, 지금의 모습은 너무 초라하다는 것. 부모나 주위 사람들은 최소한 대학교 총장, 장관, 국회의원 중 하나는 할 수 있을 것으로 내다봤다고 한다. 그런데 지금의 모습은 언론사, 대기업 등을 전전하고 있으니 어릴 적 꿈에 비하면 말도 안 되는 모습이라고. 이렇게 운이 급격하게 하락하면 어렸을 때 상상했던 미래의 삶과는 전혀 다른 삶을 살게 된다.

남성(1964년생)

시주	일주	월주	년주
辛	甲	甲	甲
未	午	戌	辰

壬	辛	庚	己	戊	丁	丙	乙
午	巳	辰	卯	寅	丑	子	亥
79	69	59	49	39	29	19	09

* 오행비율 - 토성: 1.56, 화성: 1.5, 금성: 1.04, 목성: 0.7, 수성: 0

* 일주강약 - 0.7 신약

* 음양차이 - 음기: 1.04, 양기: 2.7, 중성: 1.06

* 녹현방정식 - 토성이 수성을 억제, 금성과 목성이 구제오행, 목성을 구제오행
으로 선택한다(1차 방정식). 금성이 목성을 억제, 수성과 화성이 구제오행, 어
쩔 수 없이 화성을 구제오행으로 선택한다(2차 방정식). 진가사주로 가용신은
식상, 희신은 비견, 진용신 인성이므로 격국은 식상보비견격(인성)이다.

* 오신 - 용신: 식상(가), 희신: 비견, 기신: 인성(진), 구신: 관성, 한신: 재성

* 심성체질 - 재성체질(토성이 지지에 3개)

* 운 순위 - 수성이 1등, 목성이 2등, 화성이 3등, 금성이 4등

* 격국크기 - 중중중격에서 출발. 午未 합으로 한 단계 내려가야 하나 辰戌 충으
로 중중중격. 그리고 화생토로 두 단계 내려가 중하상격이 된다.

* 운 흐름 - 태어나 여섯 번째 庚辰대운까지 1~2등으로 흐르다가, 일곱 번째 辛
巳대운부터 3~4등으로 흐름.

* 실제의 삶 - 이런 운의 흐름이라면 50대 전과 후의 삶이 달라진다. 50대 전까
지는 원하는 삶을 살거나 활동을 하다가 50대 후부터는 자신이 원하지 않았던
삶을 살기 때문이다. 솔직히 수명이 길지 않았던 시절에는 운이 급격하게 하락
한다고 보지 않았다. 지금은 수명이 길어진 덕분에 일곱 번째 대운에서 하락해
도 변화가 있다고 추론한다. 50대 전까지는 광고회사를 운영하며 직원들과 함
께 벌고 나누며 사는 것을 자랑으로 여겼다고. 그런데 50대가 넘어서자 자신
도 모르는 사이에 직원들과 함께 공유하는 것이 싫어졌고, 그래서 함께 사용할
건물을 지으려 했으나, 내키지 않아 필자를 찾아왔다는 거다. 그리고 전에는
생각지도 않았던, 예쁜 여자만 보면 자신과 연관시켜 생각하는 경우가 많아졌

다고 한다. 50대가 넘어서도 운에 변화가 생기면 의식이나 삶의 모습도 바뀐다
는 사실이다.

여성(1973년생)

시주	일주	월주	년주
丙	壬	丙	癸
午	辰	辰	丑

甲	癸	壬	辛	庚	己	戊	丁
子	亥	戌	酉	申	未	午	巳
73	63	53	43	33	23	13	03

* 오행비율 - 목성: 1.54, 화성: 1.4, 토성: 1.16, 수성: 0.7, 금성: 0

* 일주강약 - 1.2 신약

* 음양차이 - 음기: 1.2, 양기: 2.94, 중성: 0.66

* 녹현방정식 - 목성이 토성을 억제, 화성과 금성이 구제오행, 화성을 구제오행
으로 선택한다(1차 방정식). 수성이 화성을 억제, 목성과 토성이 구제오행, 토
성을 구제오행으로 선택한다(2차 방정식). 일반사주로 용신은 관성, 희신은 재
성이므로 격국은 (인성)관성보재성격이다.

* 오신 - 용신: 관성, 희신: 재성, 기신: 식상, 구신: 비견, 한신: 인성

* 심성체질 - 관성체질(토성이 지지에 3개)

* 운 순위 - 화성이 1등, 목성이 2등, 금성이 3등, 수성이 4등

* 격국크기 - 중중중격에서 출발. 합충생극이 없어 그대로 중중중격이 된다.

* 운 흐름 - 태어나 세 번째 己未대운까지 1~2등으로 흐르다가, 네 번째 庚申대운부터 3~4등으로 흐름.

* 실제의 삶 - 이런 운의 흐름이라면 20대 전과 후의 삶이 달라진다. 20대 전까지는 원하는 삶을 살거나 활동을 하다가, 20대 후부터는 자신이 원하지 않았던 삶을 살기 때문이다. 결혼한 이유가 왕성한 성욕 때문으로 동네 노총각과 결혼했다. 그러나 남편과 15년을 사는 동안 10번 정도의 잠자리를 했다고. 남편이 잠자리를 싫어했다고 한다. 그럼에도 불구하고 아이는 둘을 낳았다. 아이 키우는 동안 조용히 살았지만, 더는 참을 수 없어 남편과 떨어져 살았다고 한다. 그러면서 이 남자, 저 남자 만나면서 욕정을 채우다가 2012년에 남편과 호적을 정리했다고. 2014년 연말쯤 만난 남자에게 멀티오르가즘을 느꼈고 자신은 부동산중개업을 하고 있는데, 멀티오르가즘을 느끼게 해 준 남자는 가진 것이 별로 없는 남자라 갈등하고 있어서 필자를 찾은 것이다.

남성(1962년생)

시주	일주	월주	년주
戊	丁	壬	壬
申	酉	子	寅

庚	己	戊	丁	丙	乙	甲	癸
申	未	午	巳	辰	卯	寅	丑
74	64	54	44	34	24	14	04

* 오행비율 - 금성: 2, 수성: 1.6, 목성: 1, 토성: 0.2, 화성: 0

* 일주강약 - 1 신약

* 음양차이 - 음기: 3.6, 양기: 1, 중성: 0.2

* 녹현방정식 - 금성이 목성을 억제, 수성과 화성이 구제오행, 수성을 구제오행으로 선택한다(1차 방정식). 토성이 수성을 억제, 금성과 목성이 구제오행, 목성을 구제오행으로 선택한다(2차 방정식). 일반사주로 용신은 인성, 희신은 관성이므로 격국은 (비견)인성보관성격이다.

* 오신 - 용신: 인성, 희신: 관성, 기신: 재성, 구신: 식상, 한신: 비견

* 심성체질 - 재성+관성체질(금성수치 2, 수성수치 1.6)

* 운 순위 - 수성이 1등, 목성이 2등, 화성이 3등, 금성이 4등

* 격국크기 - 중상중격에서 출발. 寅申 충으로 한 단계 내려가 중상하격, 그러나 상생 지지구조라 세 단계 올라 상하하격이 된다.

* 운 흐름 - 태어나 네 번째 丙辰대운까지 1~2등으로 흐르다가, 다섯 번째 丁巳대운부터 3~4등으로 흐름.

* 실제의 삶 - 이런 운의 흐름이라면 30대 전과 후의 삶이 달라진다. 30대 전까지는 원하는 삶을 살거나 활동을 하다가, 30대 후부터는 자신이 원하지 않았던 삶을 살기 때문이다. 그래서 그랬는지 모르지만, SKY로 불리는 대학을 나와 미국으로 유학을 갔다. 미국서 공부를 마치고 실리콘밸리의 한 회사에 입사했다. IT분야의 기업인지라 한국으로 부품을 수출하는 일을 맡았다고. 얼마나 바쁘게 살았는지 모른다고 한다. 집에 들어가는 날이 많지 않았다고 했다. 30대부터 미국과 한국을 오가면서 일을 해 현재는 미국인 친구와 자신이 대표가 되었다고. 현재는 한국에 80% 정도 머물면서 일을 하고 있다고 한다. 아내를 좋아하지는 않지만, 이혼은 하지 않겠다고 한다. 완벽한 생활을 하고 싶어서….

여성(1986년생)

시주	일주	월주	년주
己	庚	癸	丙
卯	午	巳	寅

乙	丙	丁	戊	己	庚	辛	壬
酉	戌	亥	子	丑	寅	卯	辰
77	67	57	47	37	27	17	07

* 오행비율 - 화성: 2.4, 목성: 2, 토성: 0.2, 수성: 0.2, 금성: 0

* 일주강약 - 0.2 신약

* 음양차이 - 음기: 0.2, 양기: 4.4, 중성: 0.2

* 녹현방정식 - 화성이 금성을 억제, 토성과 수성이 구제오행, 토성을 구제오행
으로 선택한다(1차 방정식). 목성이 토성을 억제, 화성과 금성이 구제오행, 화
성을 구제오행으로 선택한다(2차 방정식). 수성이 화성을 억제, 목성과 토성이
구제오행, 토성을 구제오행으로 선택한다(3차 방정식). 일반사주로 용신은 인
성, 희신은 관성이므로 격국은 (비견)인성보관성격이다.

* 오신 - 용신: 인성, 희신: 관성, 기신: 재성, 구신: 식상, 한신: 비견

* 심성체질 - 재성+관성체질(목성수치 2, 화성수치 2.4)

* 운 순위 - 화성이 1등, 목성이 2등, 수성이 3등, 금성이 4등

* 격국크기 - 중중중격에서 출발. 목생화로 두 단계 상승해 중상하격이 된다.

* 운 흐름 - 태어나 세 번째 庚寅대운까지 1~2등으로 흐르다가 네 번째 己丑대

운부터 3~4등으로 흐름.

* 실제의 삶 - 이런 운의 흐름이라면 20대 전과 후의 삶이 달라진다. 20대 전까지는 원하는 삶을 살거나 활동을 하다가 20대 후부터는 자신이 원하지 않았던 삶을 살기 때문이다. 일찍이 연예계로 진출하고자 유명 회사에서 아이돌 훈련을 받았고 데뷔도 했다고 한다. 얼굴이 예뻐서 연기자로도 활동했다고. 그러나 연예생활이 생각만큼 잘되지 않았다고 했다. 그래서 사업 쪽으로 방향을 바꿨다. 허름하게 시작했지만 남자들이 많이 찾는 덕분에 괜찮았다고 한다. 그리고 마음을 주고받는 사랑을 하고 싶은데, 남자들은 다른 것에만 관심을 갖고 있기에 싫다고. 그러나 사업 때문에 할 수 없이 받아준다고 한다.

◯ 대운이 완만하게 흐를 때의 추론

완만하게 흐른다는 것은 1등에서 2등으로, 2등에서 1등으로, 3등에서 4등으로, 4등에서 3등으로 흐르고 있음을 말함이다. 1등에서 2등으로, 2등에서 1등으로는 평생 자신이 바라는 삶을 살 것이고, 3등에서 4등으로, 4등에서 3등으로는 평생 자신이 바라는 것과는 반대인 삶을 살 것이다. 그런데 태어나면서부터 혹은 사회생활을 할 무렵부터 생을 마칠 때까지 1~2등으로 흐른 사람들은 삶이 지루하다거나 지겹다고 할 것이다. 그리고 평생 3~4등으로 흐른 사람들은 되는 것이 하나도 이뤄지지 않는 삶이라 할 것이다.

첫째, 첫 번째 대운부터 여섯 번째 대운까지 1~2등 혹은 3~4등으로 흐른 경우이다. 1~2등으로 흐른 사람은 자신이 바라는 것의 7~80%까지는 이뤄졌다고 생각한다. 원하는 것 전부 이뤄진 것은 아니지만, 힘들거나 고생한 것도 아니라 생각한다. 그래서 그날이 그날이라고 말하는 것도 삶의 굴곡이 없어서다. 그리고 앞서 언급했지만, 수명이 길어지는 바람에 심성체질에 따라 50대 전과 후의 삶에 변화가 올 수도 있음을 알아야 한다. 그러나 3~4등으로 흐른 사람은 만족스럽게 살았던 기억이나 추억이 없이 평생 고생스럽고 힘든 것밖에 없다. 원하는 대로 계획을 세우거나 마음을 먹으면 이상하게도 어긋나거나 피치 못할 일이 생겨 모든 것이 허사로 돌아간다. 이러한 경우를 몇 번 겪고 나면 자포자기 마음이 든다. 그러나 수명이 길어진 덕분에 50대 이후 삶의 변화가 올 수 있으므로 만족스러운 삶으로 생을 마칠 수도 있다.

둘째, 두 번째 대운부터 일곱 번째 대운까지 1~2등, 또는 3~4등으로 흐른 경우이다. 첫 번째 대운은 나머지 대운하고 운 순위가 다르지만 10세 전의 변화는 인지하기가 어렵다. 그래서 자신은 태어날 때부터 한 가지 삶으로 살아왔다고 믿게 된다. 두 번째 대운부터 일곱 번째 대운까지 1~2등으로 흐르면 자신이 바라는 것의 7~80%까지는 이뤄졌다고 생각한다. 그래서 되는 듯 안 되는 듯 이렇게 살기에 삶이 지겹다고 한다. 앞서도 언급했지만 그러한 이유는 삶의 굴곡이 없어서다. 또한 수명이 길어졌지만 60대 후의 변화이기에 몸으로 변화를 느끼기에는 흔치 않을 것이다. 두 번째 대운부터 일곱 번째 대운까지 3~4등으로 흐르면 평생 바라는 삶을 살수가 없다. 평생 고생스럽고 힘든 기억밖에 없다. 삶의 변화가 오더라도 60대 후이기에 만족스러움을 느끼기에는 힘들 것이다. 그래서 마치 자신이 바라는 삶이 꿈인 양 착각하며 살기도 한다.

셋째, 첫 번째와 두 번째 대운을 제외하고 세 번째 대운부터 여덟 번째 대운까지 1~2등, 또는 3~4등으로 흐른 경우이다. 이렇게 되면 초·중·고등학교 때하고 대학교 때 또는 갓 사회생활을 할 때와는 삶의 변화가 크다. 그러나 훗날 돌이켜보면 초·중·고등학교 때의 삶에 대한 기억은 거의 나지 않는다. 그래서 삶의 변화가 있었음을 알아내기가 어렵다. 굳이 알아내자면 당시의 일기장 또는 취미나 취향을 통해서다. 삶의 회의나 인생무상을 외치다가 경쟁력이 있는, 모범생으로 지내다가 막가파로, 착하고 순진하다가 양아치로, 장난만 치다가 공부 장학생으로 바뀌는 변화가 있을 순 있다. 세 번째 대운부터 여덟 번째 대운까지 1~2등으로 흐른 사람은 마땅히 삶이 지루하다고 말할 것이다. 그렇다고 삶에 불만이 있는 것도 아니다. 그러나 세 번째 대운부터 여덟 번째 대운까지 3~4등으로 흐른 사람은 초·중·고등학교 시절만 빼고 나머지 삶은 자신이 바라는 대로 이뤄지지 않았으므로 무척 힘들 것이다. 그러므로 자신이 바라는 삶이 꿈이 되어버린다.

남성(1955년생)

시주	일주	월주	년주
乙	丙	己	乙
未	戌	丑	未

辛	壬	癸	甲	乙	丙	丁	戊
巳	午	未	申	酉	戌	亥	子
75	65	55	45	35	25	15	05

* 오행비율 - 토성: 2.46, 수성: 0.84, 화성: 0.6, 금성: 0.5, 목성: 0.4

* 일주강약 - 1 신약

* 음양차이 - 음기: 1.7, 양기: 2.4, 중성: 0.7

* 녹현방정식 - 토성이 수성을 억제, 금성과 목성이 구제오행, 목성을 구제오행으로 선택한다(1차 방정식). 일반사주로 용신은 인성, 희신은 관성이므로 격국은 (비견)인성보관성격이다.

* 오신 - 용신: 인성, 희신: 관성, 기신: 재성, 구신: 식상, 한신: 비견

* 심성체질 - 식상체질(토성수치 2.46)

* 운 순위 - 목성이 1등, 수성이 2등, 화성이 3등, 금성이 4등

* 격국크기 - 중하중격에서 출발. 丑未 두 번의 층으로 두 단계 상승해 중중하격이 된다.

* 운 흐름 - 세 번째 丙戌대운부터 여덟 번째 辛巳대운까지 3~4등으로 흐름.

* 실제의 삶 - 이런 흐름이면 초등학생 시절까지는 자신이 바라는 대로 살다가 그 후로부터 지금까지는 원하지 않았던 삶을 산다. 그래서 그랬는지 필자의 사무실에 방문하자마자 하는 말이 부모님께 효도할 만큼 돈을 벌 수 있는지, 집을 살 수 있는지였다. 아내에게 올해 꼭 집을 사준다고 약속했다고. 현 직책은 모 회사 대리사장인데, 돈을 벌어도 부하직원들에게 너무 많이 베풀어 모이지 않는다고. 오죽하면 나이 62세가 될 때까지 돈을 벌어 부모에게 효도하고, 아내에게 집을 사주고 싶을까 생각이 든다. 이처럼 평생 자신이 바라는 삶을 살지 못하게 되면 그 삶이 마치 꿈인 양 생각되기도 한다.

여성(1957년생)

시주	일주	월주	년주
丙	乙	庚	丁
子	丑	戌	酉

戊	丁	丙	乙	甲	癸	壬	辛
午	巳	辰	卯	寅	丑	子	亥
77	67	57	47	37	27	17	07

* 오행비율 - 금성: 2.04, 수성: 1.5, 토성: 0.86, 화성: 0.4, 목성: 0

* 일주강약 - 1.5 신강

* 음양차이 - 음기: 4.04, 양기: 0.4, 중성: 0.36

* 녹현방정식 - 금성이 목성을 억제, 수성과 화성이 구제오행, 화성을 구제오행
  으로 선택한다(1차 방정식). 수성이 화성을 억제, 목성과 토성이 구제오행, 토
  성을 구제오행으로 선택한다(2차 방정식). 일반사주로 용신은 재성, 희신은 식
  상이므로 격국은 (관성)재성보식상격이다.

* 오신 - 용신: 재성, 희신: 식상, 기신: 비견, 구신: 인성, 한신: 관성

* 심성체질 - 관성체질(금성수치 2.04)

* 운 순위 - 화성이 1등, 금성이 2등, 수성이 3등, 목성이 4등

* 격국크기 - 중중중격에서 출발. 子丑 합으로 한 단계 내려가 중중하격. 그리고
  토생금, 금생수로 두 단계 내려가 중하상격이 된다.

* 운 흐름 - 첫 번째 辛亥대운부터 여섯 번째 丙辰대운까지 3~4등으로 흐름.

* 실제의 삶 - 나이 50세가 가까워지도록 남자들의 접근을 막고 살아온 어쩌면 아무것도 모르는 순진한 여자로, 요즘 세상에서 찾아보기 힘든 그런 삶을 사는 주인공이다. 필자를 찾은 이유는 남자와 담을 쌓고 지내왔던 자신의 과거가 요즘 들어 너무 바보 같은 삶이었음을 깨달았기 때문이라고 한다. 20대 꽃다운 나이부터 30년 가까이 남자들의 접근을 차단하며 오로지 종교에 올인한 채 살아온 삶이 이제 와서는 밉기까지 하다고. 종교를 가까이한 까닭도 따지고 보면 유혹에 넘어가지 않으려고 집착했던 것 같다고 한다. 남에게는 독실한 신자로 마치 종교와 결혼한 삶처럼 비쳤지만, 자기 자신에게는 늘 의심하고 집에 가면 종교생활과는 판이한 엉뚱한 짓(?)이나 하는 등 절대적으로 종교인의 자세와 삶은 아니었다고 한다. 2006년 하반기부터 틀에 묶여 살아온 자신이 엄청 후회스러워 과거와는 다른 모습으로 살고자 노력하기 시작했지만, 혹시 결혼도 할 수 있지 않을지 궁금하다고. 남자가 있는 것은 아니지만 접근했을 때 어떻게 사귀어야 하는지도 몰라 막막하다고 한다.

남성(1975년생)

시주	일주	월주	년주
壬	戊	壬	乙
戌	戌	午	卯

甲	乙	丙	丁	戊	己	庚	辛
戌	亥	子	丑	寅	卯	辰	巳
75	65	55	45	35	25	15	05

* 오행비율 - 화성: 1.2, 목성: 1.2, 토성: 1, 금성: 1, 수성: 0.4

* 일주강약 - 2.2 신강

* 음양차이 - 음기: 1.4, 양기: 2.4, 중성: 1

* 녹현방정식 - 화성이 금성을 억제, 토성과 수성이 구제오행, 수성을 구제오행
으로 선택한다(1차 방정식). 토성이 수성을 억제, 금성과 목성이 구제오행, 목
성을 구제오행으로 선택한다(2차 방정식). 일반사주로 용신은 관성, 희신은 재
성이므로 격국은 (인성)관성보재성격이다.

* 오신 - 용신: 관성, 희신: 재성, 기신: 식상, 구신: 비견, 한신: 인성

* 심성체질 - 무체질(기신+구신인 비견+식상성향)

* 운 순위 - 목성이 1등, 수성이 2등, 화성이 3등, 금성이 4등

* 격국크기 - 중상중격에서 출발. 卯戌 두 번의 합과 목생화, 화생토로 모두 네
단계 내려가 중중하격이 된다.

* 운 흐름 - 두 번째 庚辰대운부터 일곱 번째 乙亥대운까지 1~2등으로 흐름.

* 실제의 삶 - 이 친구는 결혼한 후에 딸이 태어나면서부터 사주에 관심을 갖게
되었다. 딸의 팔자가 궁금해 소위 유명하다고 역학자를 만나 상담하게 되었다.
그런데 역학자들이 추론하는 딸의 미래가 동일하게 나오지 않았다고. 그러던
중에 인터넷에서나 주변에서 하는 얘기로 필자를 능가할 역학자는 없다는 소
문과 자신이 역학 서적을 봤어도 필자의 이론만큼 정리가 잘 된 서적은 보지
못했다고 한다. 그래서 찾아왔다고. 아무튼 이 친구는 부모에게 경제적인 도움
을 받고 있지만 일을 하지 않아 미안한 마음을 지니고 있다고 했다. 경찰간부시
험 공부를 하고 있지만 큰 기대는 하지 않는다고 한다. 필자는 이 친구에게 산
에 들어가 참선과 공부를 하면서 자신을 이길 수 있는 마음을 기르라고 했다.
만약 그런 마음만 기른다면 시험에 합격할 수 있으며, 인생을 살아가는 맛도
느낄 수 있다고 했다.

여성(1973년생)

시주	일주	월주	년주
庚	**己**	**戊**	**癸**
午	丑	午	丑

丙	乙	甲	癸	壬	辛	庚	己
寅	丑	子	亥	戌	酉	申	未
75	65	55	45	35	25	15	05

* 오행비율 - 화성: 2.2, 토성: 1.6, 수성: 0.8, 금성: 0.2, 목성: 0

* 일주강약 - 3.8 신강

* 음양차이 - 음기: 2.4, 양기: 2.2, 중성: 0.2

* 녹현방정식 - 화성이 금성을 억제, 토성과 수성이 구제오행, 수성을 구제오행
  으로 선택한다(1차 방정식). 토성이 수성을 억제, 금성과 목성이 구제오행, 금
  성을 구제오행으로 선택한다(2차 방정식). 일반사주로 용신은 식상, 희신은 재
  성이므로 격국은 (비견)식상생재성격이다.

* 오신 - 용신: 식상, 희신: 재성, 기신: 인성, 구신: 비견, 한신: 관성

* 심성체질 - 인성+비견체질(화성수치 2.2, 토성수치 1.6)

* 운 순위 - 금성이 1등, 수성이 2등, 화성이 3등, 목성이 4등

* 격국크기 - 중하중격에서 출발. 천간 戊癸 합이 있으나 토생금하는 바람에 그
  대로 중하중격이 된다.

* 운 흐름 - 두 번째 庚申대운부터 일곱 번째 乙丑대운까지 1~2등으로 흐름.

* 실제의 삶 - 1997년에 결혼해 자식 낳고 살다 2002년에 이혼하고 친정에 있었다. 그러다가 2004년 돈을 벌고자 서울에 올라왔다고. 서울로 올라올 때는 커피숍을 운영하면서 편안하게 살고 싶었다 한다. 그러나 고시원에 있는 사람들이 말하길 나이도 어리고 인물도 받쳐주므로 차라리 돈 있는 애인을 구하는 것이 나을 거라고 했다고 한다. 현재 결혼할 마음도 없지만 돈을 벌기 위해선 그렇게 해야만 하는 것인지, 타고난 팔자는 어떤지, 또한 어떻게 풀려야만 잘 풀리는 것인지 알고 싶어 찾아왔다고 한다. 차라리 운 순위가 3~4등으로 흘렀다면 격국 비견+식상의 성향이 이뤄지지 않고 그와는 반대인 관성의 성향이 이뤄져 남자에게 기대어 살 수 있었을 것이다.

여성(1954년생)

시주	일주	월주	년주
壬	丙	丁	甲
辰	子	卯	午

己	庚	辛	壬	癸	甲	乙	丙
未	申	酉	戌	亥	子	丑	寅
75	65	55	45	35	25	15	05

* 오행비율 - 목성: 2.1, 화성: 1.2, 수성: 1.2, 토성: 0.3, 금성: 0

* 일주강약 - 3.3 신강

* 음양차이 - 음기: 1.2, 양기: 3.3, 중성: 0.3

* 녹현방정식 - 목성이 토성을 억제, 화성과 금성이 구제오행, 화성을 구제오행

으로 선택한다(1차 방정식). 수성이 화성을 억제, 목성과 토성이 구제오행, 토성을 구제오행으로 선택한다(2차 방정식). 일반사주로 용신은 식상, 희신은 비견이므로 격국은 (재성)식상보비견격이다.

* 오신 - 용신: 식상, 희신: 비견, 기신: 인성, 구신: 관성, 한신: 재성
* 심성체질 - 인성체질(목성수치 2.1)
* 운 순위 - 화성이 1등, 목성이 2등, 수성이 3등, 금성이 4등
* 격국크기 - 중상중격에서 출발. 子午 충으로 한 단계 내려가 중상하격. 그러나 수생목, 목생화로 두 단계 상승해 중상상격이 된다.
* 운 흐름 - 두 번째 乙丑대운부터 일곱 번째 庚申대운까지 3~4등으로 흐름.
* 실제의 삶 - 정신과 의사의 사주로 겉으로 보기에 아무런 문제 없이 잘 살고 있는 부부처럼 보인다. 자식들까지 부모는 행복하게 살고 있다고 믿는다. 그러나 실상은 남남처럼 살았다고. 자식이 생기면서 서로의 애정은 사라졌으며, 그나마 남아 있었던 소위 정이라는 것도 1990년부터 사라졌다고 한다. 그럼에도 부부관계를 유지한 것은 이미지 관리를 위해서였다고. 자식들까지도 부모가 남남처럼 살고 있음을 모를 정도라 하니 얼마나 철저하게 형식적인 부부생활을 했던가. 자신의 팔자가 왜 이렇게 기구하게 타고났는지 알고 싶어 역학을 공부하고 있다고. 그리고 유혹이 많았음에도 다 물리치고 살아온 삶이 요즘 들어 잘못된 삶 같다는 느낌이 든다고 한다.

남성(1952년생)

시주	일주	월주	년주
乙	丁	癸	壬
巳	丑	丑	辰

辛	庚	己	戊	丁	丙	乙	甲
酉	申	未	午	巳	辰	卯	寅
73	63	53	43	33	23	13	03

* 오행비율 - 수성: 1.94, 토성: 1.16, 화성: 1, 목성: 0.7, 금성: 0

* 일주강약 - 1.7 신강

* 음양차이 - 음기: 2.6, 양기: 1.7, 중성: 0.5

* 녹현방정식 - 수성이 화성을 억제, 목성과 토성이 구제오행, 토성을 구제오행
  으로 선택한다(1차 방정식). 일반사주로 용신은 식상, 희신은 비견이므로 격국
  은 (재성)식상보비견격이다.

* 오신 - 용신: 식상, 희신: 비견, 기신: 인성, 구신: 관성, 한신: 재성

* 심성체질 - 식상↔관성체질(토성 지지에 3개, 수성수치 1.94)

* 운 순위 - 화성이 1등, 목성이 2등, 금성이 3등, 수성이 4등

* 격국크기 - 중상중격에서 출발했고, 합충생극이 없어 그대로 중상중격이 된다.

* 운 흐름 - 첫 번째 甲寅대운부터 여섯 번째 己未대운까지 1~2등으로 흐름.

* 실제의 삶 - 이 사주 주인공의 아내가 찾아와 언제 이혼할 수 있는지를 상담했
  다. 아내의 말에 의하면, 남편보다 자신이 더 많은 돈을 벌면서부터 가정과 아

내에 대한 삶의 자세가 달라졌다고 한다. 자신의 월급으로는 생활하기도 부족했는지 카드빚까지 내면서 낭비하고 있다고. 아무리 사정하고 애원하고 협박해도 자신만을 위한 씀씀이는 줄어들지 않았으며, 오히려 아내가 자신의 카드빚을 갚아주길 은근히 바라고 있다고 한다. 가정생활은 아내가 버는 돈으로 꾸려가고 있지만 가장으로써 지켜야 할 최소한의 책임도 지지 않는다고. 순간이 전부라는 생각으로 먹고, 마시고, 노는 데 월급으로 모자라 카드빚까지 내서 써버리는 남편과는 더 이상은 살 수 없다고 한다. 자식들도 엄마인 자신의 의견에 동조하고 있으므로 언제 이혼을 하면 쉽게 할 수 있는지 알려달라고. 이렇게 된 가장 큰 이유는 갈등하는 심성체질이었고, 아내나 가정을 의미하는 재성이 이용하는 육친이기 때문이다.

여성(1971년생)

시주	일주	월주	년주
己	庚	戊	辛
卯	辰	戌	亥

丙	乙	甲	癸	壬	辛	庚	己
午	巳	辰	卯	寅	丑	子	亥
76	66	56	46	36	26	16	06

* 오행비율 - 토성: 1.46, 목성: 1.3, 금성: 1.04, 수성: 1, 화성: 0

* 일주강약 - 2.5 신강

* 음양차이 - 음기: 2.04, 양기: 1.3, 중성: 1.46

* 녹현방정식 - 토성이 수성을 억제, 금성과 목성이 구제오행, 목성을 구제오행으로 선택한다(1차 방정식). 일반사주로 용신은 재성, 희신은 식상이므로 격국은 (관성)재성보식상격이다.

* 오신 - 용신: 재성, 희신: 식상, 기신: 비견, 구신: 인성, 한신: 관성

* 심성체질 - 인성체질(토성 지지 2개와 천간 2개)

* 운 순위 - 목성이 1등, 수성이 2등, 금성이 3등, 화성이 4등

* 격국크기 - 상하중격에서 출발, 卯戌 합으로 한 단계 내려가나, 辰戌 층으로 원상복귀. 토극수로 한 단계 반 정도 내려 중상상 내지 상하하격이 된다.

* 운 흐름 - 첫 번째 己亥대운부터 여섯 번째 甲辰대운까지 1~2등으로 흐름.

* 실제의 삶 - 일본어 통역사 자격증을 획득하고 통역사로 활동하고 있다가 재일동포 남자를 만나 2001년에 결혼했다. 이상형의 남자는 아니었지만 의사라는 직업이 마음에 들었다고 했다. 그런데 남편이 의사라 사는 동안 돈 문제에 대해서는 신경 쓰지 않겠다고 싶었는데 그게 아니었다고. 결혼 초부터 지금까지 월 100만 원만 갖다 주었고, 아이를 낳아 키워도 생활비는 마찬가지였다고 한다. 친정부모도 이제야 남편의 성격이 정상적이지 않다는 것을 알고 이혼하라고 권한다고 한다. 부모는 이혼하고 한국에 돌아오면 아파트를 장만해 주겠다고 했다고. 그러나 아이의 양육권이 남편에게 넘어갈까 봐 두려워 먼저 이혼하자고 나설 수가 없다고 한다.

남성(1960년생)

시주	일주	월주	년주
庚	丁	戊	庚
戌	酉	子	子

丙	乙	甲	癸	壬	辛	庚	己
申	未	午	巳	辰	卯	寅	丑
71	61	51	41	31	21	11	01

* 오행비율 - 수성: 2.2, 금성: 1.9, 토성: 0.7, 목성: 0, 화성: 0

* 일주강약 - 0 신약

* 음양차이 - 음기: 3.7, 양기: 0, 중성: 0.7

* 녹현방정식 - 수성이 화성을 억제, 목성과 토성이 구제오행, 토성을 구제오행으로 선택한다(1차 방정식). 진가사주로 가용신은 식상, 희신은 비견, 진용신은 인성이므로 격국은 식상보비견격(인성)이다.

* 오신 - 용신: 식상(가), 희신: 비견, 기신: 인성(진), 구신: 관성, 한신: 재성

* 심성체질 - 재성+관성체질(금성수치 1.9, 수성수치 2.2)

* 운 순위 - 목성이 1등, 화성이 2등, 금성이 3등, 수성이 4등

* 격국크기 - 중중중격에서 출발, 음기사주라 생극은 보지 않으므로 그대로 중중중격이 된다.

* 운 흐름 - 두 번째 庚寅대운부터 일곱 번째 乙未대운까지 1~2등으로 흐름.

* 실제의 삶 - 1985년에 결혼해 금영공장에 다니다가 1991년에 조그마한 금영

공장을 인수해 독립을 했다. 큰 기대는 걸지 않고 운영했는데 시간이 흐르면서 점차 주문량이 늘어나는 바람에 공장시설도 늘리게 되었다. 그렇게 6년간 정신없이 일했더니 생각지도 않았던 큰돈이 모여 앞으로는 한가하게 살 수 있겠구나 하는 순간, 국가로부터 폭탄 세금을 맞았다고. 자그마치 3억 원이라는 거액의 세금이 나와 일할 의욕도 사라지게 만들었고, 몇 년에 걸쳐 완납했다고. 그런데 1억4천만 원의 세금이 또 나와서 국가를 상대로 소송을 걸었고, 그 결과 내지 않아도 된다는 승소판결을 받았다고 한다. 잠시나마 편하게 일하다가 2002년에 또다시 1억5천만 원의 고지서가 날아들었다고 한다. 필자에게 찾아온 시기는 2003년으로 소송을 건지 일 년이 넘어가는 시점이라 아직 판결은 나지 않았다고 한다. 세금 문제로만 6년을 허비했지만 마음 다잡고 다시 일을 시작했을 때 혹시 이런 일들이 또 일어나지 않을까 궁금하다고. 원인으로는 재성이 길신이 아닌 것과 음기로만 이뤄진 사주에 있다.

여성(1962년생)

시주	일주	월주	년주
乙	戊	乙	壬
卯	午	巳	寅

丁	戊	己	庚	辛	壬	癸	甲
酉	戌	亥	子	丑	寅	卯	辰
75	65	55	45	35	25	15	05

* 오행비율 - 목성: 2.4, 화성: 2.2, 수성: 0.2, 토성: 0, 금성: 0

* 일주강약 - 2.2 신강

* 음양차이 - 음기: 0.2, 양기: 4.6, 중성: 0

* 녹현방정식 - 목성이 토성을 억제, 화성과 금성이 구제오행, 화성을 구제오행
  으로 선택한다(1차 방정식). 진가사주로 가용신은 인성, 희신은 비견, 진용신은
  식상이므로 격국은 인성생비견격(식상)이다.

* 오신 - 용신: 인성(가), 희신: 비견, 기신: 재성, 구신: 관성, 한신: 식상(진)

* 심성체질 - 관성+인성체질(목성수치 2.4, 화성수치 2.2)

* 운 순위 - 금성이 1등, 화성이 2등, 목성이 3등, 수성이 4등

* 격국크기 - 중중중격에서 출발, 목생화로 중중상격이 된다.

* 운 흐름 - 첫 번째 甲辰대운부터 여섯 번째 己亥대운까지 3~4등으로 흐름.

* 실제의 삶 - 결혼 후 살림만 하다가 남편의 돈벌이가 부실해 텔레마케터 일을
  시작했다. 생활비 일부를 충당하는 것까지는 좋았으나, 2004년부터 자신도
  모르는 사이에 성적인 부분까지 자유로워지고 싶다는 충동을 느꼈다고 한다.
  남편과의 잠자리가 부족하거나 부실하지 않지만 예전보다 더 강한 욕구를 참
  기 어려웠다고. 심지어 회사 내의 남자들만 쳐다봐도 이상한 생각이 든다고 한
  다. 그래서 얼굴이 화끈거리면서도 남자들의 넓은 가슴에 한 번 안겨봤으면 하
  는 상상에서부터 섹스를 즐기는 상상까지 한다고 한다. 나이가 있음에도 점점
  강해지는 성적 욕구를 이해할 수 없고, 요즘 들어서는 처녀 때나 했었던 자위
  행위까지 하고 있고 자위행위를 자주 하면 혹 병이 나지 않을까 염려도 된다
  고, 회사를 그만두고 집에 있자니 편치 않고, 남자가 없는 직장을 찾을 수도 없
  고, 눈을 감고 다닐 수도 없고, 자연스럽게 떠오르는 것을 무슨 수로 막을 수
  있는지 답답하다며 고민을 털어놓은 용감한 주인공이다. 이러한 것은 대운이
  하락하게 되면 희신(일반사주), 진용신(진가사주), 1약신(병약사주)이 의미하는

성향이 강하게 나타나서다. 이 사람의 경우 진용신이 식상이라서 식상이 의미하는 성적 호기심이 더욱 왕성해져서다.

여성(1967년생)

시주	일주	월주	년주
甲	甲	庚	丁
子	戌	戌	未

戊	丁	丙	乙	甲	癸	壬	辛
午	巳	辰	卯	寅	丑	子	亥
71	61	51	41	31	21	11	01

* 오행비율 - 금성: 1.74, 토성: 1.16, 수성: 1, 화성: 0.7, 목성: 0.2

* 일주강약 - 1.2 신약

* 음양차이 - 음기: 2.74, 양기: 1.4, 중성: 0.66

* 녹현방정식 - 금성이 목성을 억제, 수성과 화성이 구제오행, 수성을 구제오행으로 선택한다(1차 방정식). 토성이 수성을 억제, 금성과 목성이 구제오행, 목성을 구제오행으로 선택한다(2차 방정식). 일반사주로 용신은 비견, 희신은 인성이므로 격국은 (식상)비견보인성격이다.

* 오신 - 용신: 비견, 희신: 인성, 기신: 관성, 구신: 재성, 한신: 식상

* 심성체질 - 재성+관성체질(토성 지지에 3개, 금성수치 1.74)

* 운 순위 - 목성이 1등, 수성이 2등, 금성이 3등, 화성이 4등

* 격국크기 - 중중중격에서 출발, 토극수로 두 단계 내려가 중하상격이 된다.

* 운 흐름 - 첫 번째 辛亥대운부터 여섯 번째 丙辰대운까지 1~2등으로 흐름.

* 실제의 삶 - 시댁과의 갈등으로 남편과 싸움이 잦았다. 시아버지가 돌아가시고 시어머니와 연락이 두절되면서부터는 남편과의 싸움이 없어졌고, 아무런 문제 없이 평화롭게 살고 있었다. 그런데 남편이 폭탄선언을 했다고. 아내로서 기본이 안 되어 있고, 남편을 진정으로 섬기지 않고, 마치 하인 다루듯 가볍게 대하고 있다고 하면서 말이다. 남편의 폭탄선언 이후 지금까지 너무 힘들게 살고 있는데, 요즘은 그 정도가 심해져 함께 살 수 없다는 말을 자주 한다고 한다. 그리고 남편이 폭탄선언을 한 이후 역학을 공부한다며 자주 밖으로 나가는데, 혹시 밖에 여자가 있지 않나 의심도 간다고. 주인공은 밝고, 명랑하고, 애교도 많은 편이라 생각하는데, 남편은 그렇게 생각하지 않아서 혹시 이혼수가 있는지 아니면 이대로 헤어져야 하는지 궁금하다고 했다. 추론하면, 길신에 남편을 의미하는 관성이 없고, 심성체질에만 있기에 자신도 모르는 사이에 남편을 대하는 태도에 애정이 담기지 않아서다.

남성(1958년생)

시주	일주	월주	년주
戊	己	己	戊
辰	丑	未	戌

丁	丙	乙	甲	癸	壬	辛	庚
卯	寅	丑	子	亥	戌	酉	申
79	69	59	49	39	29	19	09

* 오행비율 - 토성: 2.66, 화성: 0.84, 금성: 0.5, 목성: 0.5, 수성: 0.3

* 일주강약 - 3.5 신강

* 음양차이 - 음기: 1.5, 양기: 1.7, 중성: 1.6

* 녹현방정식 - 토성이 수성을 억제, 금성과 목성이 구제오행, 그러나 피해오행 수성과 구제오행 금성과 목성이 모두 활동하지 않아 격국을 이루지 못한다. 무격사주로 용신은 식상, 희신은 재성이므로 격국은 식상생재성격이다.

* 오신 - 용신: 식상, 희신: 재성, 기신: 인성, 구신: 비견, 한신: 관성

* 심성체질 - 비견체질(토성수치 2.66)

* 운 순위 - 금성이 1등, 수성이 2등, 목성이 3등, 화성이 4등

* 격국크기 - 중하중격에서 출발, 辰戌, 丑未 충으로 두 단계 상승해 중중하격이 된다.

* 운 흐름 - 첫 번째 庚申대운부터 여섯 번째 乙丑대운까지 1~2등으로 흐름.

* 실제의 삶 - 이 세상에 태어나 현재까지 공부라는 것은 해본 적이 없고, 평생 돌을 다듬는 석공으로 살아왔다. 그래서 지금이라도 여건이 허락된다면 꼭 공부는 하고 싶다고. 평생 돌만 만지며 살아왔지만 장인으로의 대접을 받지 못한 채, 그저 돌쟁이로 인식되는 현실이 싫다고. 그러한 편견과 부정적인 시선에서 벗어나고자 국가에서 주관하는 대회에 몇 번에 걸쳐 작품을 출품했으나 늘 상을 타지는 못했다고 한다. 2007년에는 합격했다는 통지서까지 받아놓고도 어찌 된 일인지 끝내 상을 타지는 못했다고. 당시에는 좌절감으로 자신이 왜 태어났는지 원망스럽기도 했지만 더욱 마음이 아팠던 것은 주위를 둘러보아도 자신이 기댈 수 있는 곳이 한 군데도 없다는 사실 때문에 더욱 슬펐다고 한다. 이 친구는 자신의 콤플렉스를 보상받으려고 많은 사람과 사귀었다고. 그런 이유로 가정보다는 바깥에서 보내는 시간이 더 많아졌고, 친구들을 대접하느라

고 많은 돈을 쓰면서 늘 술에 취해 귀가하는 바람에 아내와의 갈등은 피할 수 없었다고 한다. 아내의 말을 빌리면, 남편이 남들처럼 부모의 보호를 받지 못한 채 일찌감치 사회에 몸을 던진 것이 불쌍해 어느 정도 친구들과의 만남을 이해해주고 있었지만 나이 쉰이 넘을 때까지 친구에게 속아 이용당하고 있는 것이 싫다고 한다.

여성(1974년생)

시주	일주	월주	년주
壬	丁	己	甲
寅	卯	巳	寅

辛	壬	癸	甲	乙	丙	丁	戊
酉	戌	亥	子	丑	寅	卯	辰
77	67	57	47	37	27	17	07

* 오행비율 - 목성: 3.2, 화성: 1.2, 토성: 0.2, 수성: 0.2, 금성: 0

* 일주강약 - 4.4 신강

* 음양차이 - 음기: 0.2, 양기: 4.4, 중성: 0.2

* 녹현방정식 - 목성이 토성을 억제, 화성과 금성이 구제오행, 화성을 구제오행으로 선택한다(1차 방정식). 진가사주로 가용신은 비견, 희신은 식상, 진용신은 재성이므로 격국은 비견생식상격(재성)이다.

* 오신 - 용신: 비견(가), 희신: 식상, 기신: 관성, 구신: 인성, 한신: 재성(진)

* 심성체질 - 인성체질(목성수치 3.2)

* 운 순위 - 금성이 1등, 화성이 2등, 목성이 3등, 수성이 4등

* 격국크기 - 중중중격에서 출발, 목생화로 두 단계 상승해 중상하격이 된다.

* 운 흐름 - 첫 번째 戊辰대운부터 여섯 번째 癸亥대운까지 3~4등으로 흐름.

* 실제의 삶 - 1998년에 가족과 함께 궁합을 보러 왔다. 당시 결혼상대자와 궁합이 안 좋다고 했다. 그러나 2004년에 임신하는 바람에 반강제적으로 결혼을 했다. 결혼하자마자 남편이 약속했던 모든 것들이 거짓으로 판명 났고, 시댁과 멀리 떨어져 있음에도 시댁 식구들만 걱정하며, 자신은 무시했고, 저녁마다 술을 마시고 들어오는 바람에 매일 매일 싸움을 했다고 한다. 그러나 아이는 있고 의지할 곳도 필요해서 그냥 참고 살았는데, 남편이 서울에서 터를 잡지 못하고 부모가 있는 시골로 내려가 살자고 하는 바람에 고민하게 되었다고. 남편은 시댁과 멀리 떨어져 있음에도 시댁 식구들 말만 믿고 자신을 무시했는데 가까운 곳에 살게 되면 더 심할 것이란 생각이 들었다고 한다. 결국 약 2년 정도 떨어져 살다가 2007년에 협의이혼했고, 아이도 남편이 맡겠다고 하는 바람에 어쩔 수 없이 헤어지게 되었다고. 가족들은 궁합을 보러왔을 당시, 필자의 말만 들었어도 이런 꼴은 당하지 않았을 텐데 하면서 안타까워했다고 한다. 현재 친정부모랑 같이 살지만 엄마의 간섭이 심해 분가를 할지 묻고자 2008년에 다시 찾아왔었다.

여성(1961년생)

시주	일주	월주	년주
戊	壬	辛	辛
申	戌	丑	丑

己	戊	丁	丙	乙	甲	癸	壬
酉	申	未	午	巳	辰	卯	寅
74	64	54	44	34	24	14	04

* 오행비율 - 금성: 1.9, 수성: 1.54, 토성: 1.36, 목성: 0, 화성: 0

* 일주강약 - 3.44 신강

* 음양차이 - 음기: 4.1, 양기: 0, 중성: 0.7

* 녹현방정식 - 금성이 목성을 억제, 수성과 화성이 구제오행, 그러나 피해오행 목성과 구제오행 수성과 화성이 없어 격국을 이루지 못했다. 무격사주로 용신은 재성, 희신은 식상이므로 격국은 재성보식상격이다.

* 오신 - 용신: 재성, 희신: 식상, 기신: 비견, 구신: 인성, 한신: 재성

* 심성체질 - 관성+인성체질(토성 지지에 3개, 금성수치 1.9)

* 운 순위 - 화성이 1등, 목성이 2등, 금성이 3등, 수성이 4등

* 격국크기 - 하중중격에서 출발, 음양사주라 합충이 없어 그대로 하중중격이 된다.

* 운 흐름 - 첫 번째 壬寅대운부터 여섯 번째 丁未대운까지 1~2등으로 흐름.

* 실제의 삶 - 결혼 후 남편과 불화 없이 잘 지냈으며, 남편도 근면하고 착해 자

신에게 너무 잘해주는 등 흠잡을 데 없는 사람이었다. 그런데 2005년부터 남편의 사업이 잘 안 되면서 자신에게 무관심해지기 시작했다고. 무관심의 시간이 길어지면서 남편은 다른 여자를 만나기 시작했고, 집을 나갔다가 들어오기를 반복하고 있다고 한다. 그러나 '무관심해지기 전부터 여자를 만나고 있었던 것이 아닐까'라는 생각이 든다고. 가정에 대한 무관심, 여자와의 애정행각, 그리고 집을 나가고 들어오기를 반복하는 남편을 더 이상은 보고 참을 수가 없어 무슨 조치를 취하고자 한다고 한다. 우선적으로 생각한 것은 남편이 아닌 자신이 집을 나가버리는 것이라고. 자식 때문에 망설이고 있지만, 그것보다 더 두려운 것은 혼자 밖에 나가 먹고 살 수 있을지 그것이 문제라고 한다. 행여 남자를 만나 그 사람에게 빠지지 않을까 그것도 두렵다고. 무격사주라 인덕이 없어서 이런 꼴을 당하는 것이 아닌지 우울하기만 하다.

◯ 대운에 변화가 많을 때의 추론

운 흐름에 변화가 많다는 것은 삶의 변화가 많다는 거다. 태어나 어릴 적부터 초·중·고 시절까지는 원하지 않은 삶을 살다가 대학생활을 하거나 고등학교 졸업 후 사회생활을 시작할 즈음엔 자신이 바라는 삶을 살고, 나이 40세쯤부터 다시 원하지 않은 삶을 사는 것을 일컬어 변화가 많은 삶이라 한다. 그렇다면 운의 흐름은 태어나 20대 전까지 3~4등 운으로 흐르다가, 20대 후부터 40대 전까지 1~2등 운으로 흐르고, 다시 40대 후부터 3~4등의 운으로 흘러야 한다. 이런 흐름이어야 방금 언급한 삶과 맞아 떨어진다. 그런데 사주 상의 운 흐름은 이와 같지 않다. 첫 번째 대운부터 세 번째 대운까지 3~4등이었다가, 네 번째 대운부터 아홉 번째 대운까지 1~2등으로 흐른다. 이런 운의 흐름이면 20대 전까지는 원하지 않은 삶을 살다가, 20대 후부터 80대까지 자신이 바라는 삶을 살아야 한다. 생각해봐라! 20대부터 80대까지 자신이 원하는 삶을 산다는 것은 만족스럽기 그지없는 삶일 것이다. 어린 시절은 자신이 바라는 삶의 모습이 아닐지언정 20대부터는 자신이 바라는 대로의 삶이 펼쳐져야 하며, 그 영향은 80대까지 이어져야 한다.

그러나 현실에서는 그렇지가 않다. 틀림없이 운의 순위는 네 번째 대운부터 1~2등임에도 말이다. 예외 없이 이런 운 순위의 흐름을 지닌 사람들은 20대부터 40대 전까지는 매우 만족할 만한 삶을 살다가, 40대 이후 생을 마칠 때까지 그렇지 못한 삶을 산다. 어째서 그럴까? 운의 순위를 잘못 정한 것도 아닌데 말이다. 아무래도 사주학적 접근으로는 의문이 풀리지 않는다. 결국 심리학적인 접근방법을 사용하기로 했다. 30대부터 자신이 바라는 삶을 사는 사람은 사회의 쓴맛이나 어려움을 어느 정도 맛보았다. 그래서 자신이 바라는 대로 살 수 있는 좋은 삶의 기회를 매우 고맙고, 소중하게 여긴다. 그러나 20대부터 자신이 바라는 삶을 사는 사람은 사회의 쓴맛이나 어려움을 전혀 모른다. 왜냐하면 사회생활이나 대학생활을 막 시작할 때쯤부터 자신이 바라는 대로의 삶이 이뤄지기 때문이다. 또한 누구나 20세가 넘으면서 펼쳐지는 삶과 20세 전과의 삶이 다르다고 생각한다. 그래서 20세 이후 자신이 바라는 대로의 삶이 펼쳐지더라도 고맙거나 소중하게 여기지 않게 된다. 어찌 생각하면 20대부터 원하는 삶을 살게 되므로 복 받은 사람일 것이다. 자신이 원하는 삶을 20대 후반을 지나 30대 초반을 거쳐 30대 후반이 되어도 이어진다.

그래서 이용+용신(가용신+희신=2약신+병신)이 인성+비견의 소유자는 모두와 함께 어울리면서 살아가는 삶을, 비견+식상의 소유자는 인간의 존엄성과 가치를 따지고 모두가 평등한 삶을, 관성+인성의 소유자는 인정과 존경을 받으며 안정적으로 사는 삶을, 식상+재성의 소유자는 물질적 풍요로움 아래 낭만과 예술이 있는 삶을, 재성+

관성의 소유자는 남보다 더 많은 부와 귀를 차지하는 삶을 살고 싶을 것이다. 그리고 자신이 바라는 삶을 살 수 있는 것은 자신이 노력해서 된 것이라 생각하게 된다. 그래서 20여 년간 그런 삶을 살게 되면 자신도 모르는 사이에 자만에 빠지게 된다. '자신만만하고~', '겁도 나지 않고~', '마음만 먹으면 안 되는 것도 없고', '이만하면 살 만한데 뭐 다른 것 없을까 찾고', '의미 있는 일을 해볼까 하고', '더 늦기 전에 하고 싶은 것이나 할까 하고' 등으로 말이다.

그러다가 40세가 가까워지면 현재보다 더 나은 삶 또는 다른 삶을 찾게 된다. 더구나 실패를 모르므로 마음만 먹으면 다 될 것으로 생각하기 때문이다. 그래서 네 번째 대운부터 아홉 번째 대운까지 1~2등의 운으로 흐르는 소유자는 모두를 막론하고 40세 이후부터의 삶은 40세 전까지의 삶과는 다른 모습을 띠게 된다. 결국 이용+용신(가용신+희신=2약신+병신)이 인성+비견의 소유자는 이기적인 삶으로, 비견+식상의 소유자는 신분상승의 삶으로, 관성+인성의 소유자는 모험이 있는 삶으로, 식상+재성의 소유자는 이미지 관리와 명분 찾는 삶으로, 재성+관성의 소유자는 형이상학적인 삶으로 변하게 되는 것이다.

박원순 서울시장(1955년생)

시주	일주	월주	년주
辛	**癸**	**戊**	**乙**
酉	**卯**	**寅**	**未**

庚	辛	壬	癸	甲	乙	丙	丁
午	未	申	酉	戌	亥	子	丑
72	62	52	42	32	22	12	02

* 오행비율 - 목성: 2.4, 금성: 1.2, 토성: 0.7, 화성: 0.5, 수성: 0

* 일주강약 - 1.2 신약

* 음양차이 - 음기: 1.2, 양기: 3.4, 중성: 0.2

* 녹현방정식 - 목성이 토성을 억제, 화성과 금성이 구제오행, 금성을 구제오행
  으로 선택한다(1차 방정식). 일반사주로 용신은 인성, 희신은 관성이므로 격국
  은 (비견)인성보관성격이다.

* 오신 - 용신: 인성, 희신: 관성, 기신: 재성, 구신: 식상, 한신: 비견

* 심성체질 - 식상체질(목성수치 2.4)

* 운 순위 - 금성이 1등, 화성이 2등, 수성이 3등, 목성이 4등

* 격국크기 - 중상중격에서 출발, 卯酉 충으로 한 단계 내려가 중상하격. 그러나
  억제 지지구조라 두 단계 상승하여 중상상격이 된다.

* 운 흐름 - 첫 번째부터 세 번째 대운까지 3등이었다가, 네 번째 대운부터 아홉
  번째 대운까지 1~2등으로 흐름.

* 실제의 삶 - 이런 흐름이라면 태어나 20세까지는 격국 비견+인성의 성향보다는 그와는 반대인 재성의 성향이 강한 삶을 산다. 그러다가 20세 이후 40세 전까지는 격국 비견+인성의 성향이 강한 삶을 산다. 40세 이후부터 생을 마칠 때까지 다시 재성의 성향이 강한 삶을 산다. 박원순 서울시장이 개인적인 일이 아닌 국민을 위한 일을 시작한 해는 1995년이다. 이때부터 참여연대 사무처장으로 일하기 시작한 것이다. 그 전까지는 변호사 일에 전념했었다. 그리고 그 일을 시작한 지 16년 만인 2011년에 서울시장에 당선되었다. 물론 행동은 심성체질인 식상의 성향이다. 격국의 삶을 살 때는 자신이 반드시 튀어야 할 필요가 없다. 그저 있는 듯 없는 듯하면서 살면 된다. 그러나 격국과는 반대의 삶을 살게 되면 그렇지가 않다. 남보다 자신이 앞서가는 삶을 살아야 한다. 그래서 서민과 국민을 위해 적극적인 봉사와 희생을 하면서도, 꿈 관성의 성향인 모두의 지도자가 되기 위해 어필할 수 있는 이미지와 액션을 취한다. 그래서 지지도가 안철수 의원보다 현저하게 낮았지만 안철수 의원을 만나 서울시장 후보직을 양보받았다. 이 모든 일련의 과정들이 격국인 비견+인성의 성향 아래서는 불가능한 일들이다.

박근혜 전 대통령(1951년생)

시주	일주	월주	년주
甲	戊	辛	辛
寅	寅	丑	卯

己	戊	丁	丙	乙	甲	癸	壬
酉	申	未	午	巳	辰	卯	寅
71	61	51	41	31	21	11	01

* 오행비율 - 목성: 3.2, 수성: 0.84, 금성: 0.4, 토성: 0.36, 화성: 0

* 일주강약 - 0.36 신약

* 음양차이 - 음기: 1.6, 양기: 3.2, 중성: 0

* 녹현방정식 - 목성이 토성을 억제, 화성과 금성이 구제오행, 금성을 구제오행
으로 선택한다(1차 방정식). 진가사주로 가용신은 식상, 희신은 비견, 진용신
인성이므로 격국은 식상보비견격(인성)이다.

* 오신 - 용신: 식상(가), 희신: 비견, 기신: 인성(진), 구신: 관성, 한신: 재성

* 심성체질 - 관성체질(목성수치 3.2)

* 운 순위 - 화성이 1등, 금성이 2등, 수성이 3등, 목성이 4등

* 격국크기 - 중중중격에서 출발, 목극토로 두 단계 내려가 중하상격이 된다.

* 운 흐름 - 첫 번째부터 세 번째 대운까지 3등이었다가, 네 번째 대운부터 아홉
번째 대운까지 1~2등으로 흐름.

* 실제의 삶 - 이런 흐름이라면 태어나 20세까지는 격국 식상+비견의 성향보다

는 그와는 반대인 관성의 성향이 강한 삶을 산다. 그러다가 20세 이후 40세 전까지는 격국 식상+비견의 성향이 강한 삶을 산다. 40세 이후부터 생을 마칠 때까지 다시 관성의 성향이 강한 삶을 산다. 1974년 어머니가 세상을 떠나자마자 최태민 목사가 다가왔다. 만약 격국인 식상+비견의 성향이 영향을 미치지 않았으면 아버지 박정희보다 나이가 많은 최태민 목사를 가까이했겠는가. 1994년 최태민 목사가 세상을 떠날 때까지 20년간을 권력과는 전혀 관련이 없는 곳에서 은밀하고 달콤한 나날을 보냈다. 그러다가 격국과는 반대인 관성의 성향이 강해지는 시점인 1997년 15대 대선을 앞둔 시점에 한나라당에 입당했다. 그리고 98년 국회의원 보궐선거에 나가 당선됨으로써 국회의원이 되었다. 이것으로 운의 순위가 바뀌지 않았어도 의식의 전환이 있었음을 능히 알 수 있다. 더구나 관성 체질인 '남과는 신분 자체가 다른, 권위가 설 수 있는, 남을 강제할 수 있는, 지시나 명령만 내리는, 마치 예전 절대군주처럼' 행동한다.

남성(1963년생)

시주	일주	월주	년주
壬	壬	甲	癸
寅	辰	寅	卯

丙	丁	戊	己	庚	辛	壬	癸
午	未	申	酉	戌	亥	子	丑
75	65	55	45	35	25	15	05

* 오행비율 - 목성: 4.1, 수성: 0.4, 토성: 0.3, 금성: 0, 화성: 0

* 일주강약 - 0.4 신약

* 음양차이 - 음기: 0.4, 양기: 4.1, 중성: 0.3

* 녹현방정식 - 목성이 토성을 억제, 화성과 금성이 구제오행, 화성과 금성이 없거나 활동하지 않아 구제오행이 없다(1차 방정식). 병약사주로 병신은 관성, 1약신은 인성, 2약신은 재성이므로 격국은 (재성)관성격(인성)이다.

* 오신 - 병신: 관성, 1약신: 인성, 2약신: 재성, 기신: 식상, 한신: 비견

* 심성체질 - 식상체질(목성수치 4.1)

* 운 순위 - 금성이 1등, 화성이 2등, 수성이 3등, 목성이 4등

* 격국크기 - 중하중격에서 출발, 목극토로 두 단계 내려가 중하상격이 된다.

* 운 흐름 - 첫 번째부터 세 번째 대운까지 3등이었다가, 네 번째 대운부터 아홉 번째 대운까지 1~2등으로 흐름.

* 실제의 삶 - 이런 흐름이라면 태어나 20세까지는 격국 재성+관성의 성향보다

는 그와는 반대인 비견의 성향이 강한 삶을 산다. 그러다가 20세 이후 40세 전까지는 격국 재성+관성의 성향이 강한 삶을 산다. 그리고 40세 이후부터 생을 마칠 때까지 다시 식상의 성향이 강한 삶을 산다. 이런 흐름이라면 20대 전과 후의 삶이 다르다. 부모에 따르면 20대 전까지는 동생들을 잘 보살피면서도 가정형편상 배우기 힘든 악기도 배웠다. 서울대학교를 악기 하나로 합격했으니 얼마나 많은 노력을 기울였는지 알 수 있는 대목이다. 서울대학교에 입학하고선 동생들을 덜 챙겼고, 악기교육 아르바이트를 하여 유학자금을 마련해 유학을 떠났다. 미래 처가가 될 집안의 도움도 받으면서 말이다. 유학 다녀온 뒤 내담자는 공연과 개인교습 그리고 대학에 강사로 나갔다가, 2007년에 마침내 교수가 되었다. 문제는 이때부터다. 그 전의 생활과 별반 다를 것이 없음에도 불구하고, 교수가 된 이후 학생이나 학부모의 시선이 달라졌다고 한다. 묘한 눈길로 내담자를 쳐다보는 학생과 학부모들의 유혹이 시작되었다. 식상체질의 성향은 본능적, 충동적, 카리스마, 성적 밝힘, 일탈, 반항적인 모습이다. 이 시기부터 학생이나 학부모들이 섹시하게 보이고, 자신의 성욕도 이상하리만큼 왕성해졌다고 한다. 그래서 가는 사람 잡지 않고 오는 사람 막지 않는다는 것처럼 다가온다면 전부 받아들인다고. 그러다가 치명적인 매력을 풍기는 여학생을 만났다고 한다. 소위 까질대로 까진 학생이라 빠져서는 안 되는데, 그 학생만 만나면 맥을 못 춘다는 거다. 그 학생으로 인해 부부관계까지 이상이 생겼다고. 그 학생과 살고 싶어 아내에게 이혼을 요구한다는 거다.

여성(1976년생)

시주	일주	월주	년주
戊	丁	己	丙
申	丑	亥	辰

辛	壬	癸	甲	乙	丙	丁	戊
卯	辰	巳	午	未	申	酉	戌
75	65	55	45	35	25	15	05

* 오행비율 - 수성: 1.9, 토성: 1.2, 금성: 1, 목성: 0.5, 화성: 0.2

* 일주강약 - 0.7 신약

* 음양차이 - 음기: 3.2, 양기: 0.7, 중성: 0.9

* 녹현방정식 - 수성이 화성을 억제, 목성과 토성이 구제오행, 토성을 구제오행
  으로 선택한다(1차 방정식). 진가사주로 기용신은 식상, 희신은 비견, 진용신은
  인성이므로 격국은 식상보비견격(인성)이다.

* 오신 - 용신: 식상(가), 희신: 비견, 기신: 인성(진), 구신: 관성, 한신: 재성

* 심성체질 - 식상↔관성체질(수성수치 1.9 / 토성 지지 2개+천간 2개)

* 운 순위 - 목성이 1등, 화성이 2등, 금성이 3등, 수성이 4등

* 격국크기 - 중중중격에서 출발, 토생금, 금생수로 두 단계 내려가 중하상격이
  된다.

* 운 흐름 - 첫 번째부터 세 번째 대운까지 3등이었다가, 네 번째 대운부터 아홉
  번째 대운까지 1~2등으로 흐름.

* 실제의 삶 - 이런 흐름이라면 태어나 20세까지는 격국 식상+비견의 성향보다
  는 그와는 반대인 관성의 성향이 강한 삶을 산다. 그러다가 20세 이후 40세

전까지는 격국 식상+비견의 성향이 강한 삶을 산다. 그리고 40세 이후부터 생을 마칠 때까지 다시 관성의 성향이 강한 삶을 산다. 2012년 한림대 사회교육원의 강의를 들었던 수강생이다. 당시 나이가 37세로 격국 식상+비견의 영향 아래 있을 때였다. 당시 사주심리학 공부를 하면서 살림만 하고 있었다. 아이들 뒷바라지도 힘겨워 바깥일을 할 수 있는 상황이 아니었다. 필자가 늘 했던 말이 "넌 얼마 안 있으면 애들한테 손을 떼고 바깥일을 할 거야!"라는 말이었다. 아니나 달라. 2015년부터 아이들 영어 교육을 시키는 곳에 다닌다고. 2016년에는 팀을 맡아서 가르친다고 한다. 자신이 버티고 있는 것이 신기하다고 한다. 예전 같으면 벌써 그만두었어야 할 텐데 이렇게 잘 다니고 있으니. 이곳에서 열심히 근무해서 더 높은 자리까지 올라갈 것이라고. 어떻게 하면 빠른 출세가 가능한지 간간이 필자에게 물어온다. 역시 운의 순위는 변동이 없지만, 40대 전과 후의 삶이 이렇게 다르다. 필자에게 공부할 때는 진짜 40세가 되면 아이들한테 떨어져 바깥일을 할 수 있을까? 능력이 없는데 직장생활이나 할 수 있을까? 등 의심스러운 눈길을 보낼 때가 많았었다. 그러나 어찌하리. 네 번째 대운부터 아홉 번째 대운까지 1등과 2등의 운 흐름이라면, 원하든 원하지 않든지 간에 40대 무렵에 의식의 전환이 오니 말이다.

여성(1970년생)

시주	일주	월주	년주
庚	辛	丁	庚
寅	丑	亥	戌

己	庚	辛	壬	癸	甲	乙	丙
卯	辰	巳	午	未	申	酉	戌
73	63	53	43	33	23	13	03

* 오행비율 - 수성: 1.9, 목성: 1, 금성: 0.9, 토성: 0.8, 화성: 0.2

* 일주강약 - 1.7 신강

* 음양차이 - 음기: 3.1, 양기: 1.2, 중성: 0.5

* 녹현방정식 - 수성이 화성을 억제, 목성과 토성이 구제오행, 토성을 구제오행으로 선택한다(1차 방정식). 금성이 목성을 억제, 수성과 화성이 구제오행, 화성을 구제오행으로 선택한다(2차 방정식). 일반사주로 용신은 관성, 희신은 재성이므로 격국은 (인성)관성보재성격이다.

* 오신 - 용신: 관성, 희신: 재성, 기신: 식상, 구신: 비견, 한신: 인성

* 심성체질 - 식상체질(수성수치 1.9)

* 운 순위 - 화성이 1등, 목성이 2등, 수성이 3등, 금성이 4등

* 격국크기 - 중중중격에서 출발, 寅亥 합으로 한 단계 내려가 중중하격. 그러나 수생목으로 한 단계 올라가 다시 중중중격이 된다.

* 운 흐름 - 첫 번째부터 세 번째 대운까지 4등이었다가, 네 번째 대운부터 아홉

번째 대운까지 1~2등으로 흐름.

* 실제의 삶 - 이런 흐름이라면 태어나 20세까지는 격국 인성+관성의 성향보다는 그와는 반대인 식상의 성향이 강한 삶을 산다. 그러다가 20세 이후 40세 전까지는 격국 인성+관성의 성향이 강한 삶을 산다. 그리고 40세 이후부터 생을 마칠 때까지 다시 식상의 성향이 강한 삶을 산다. 20대 이후 자신이 원하는 것은 다 이뤘기에 40세 이후 어린이 영어 학원을 대대적으로 오픈했다가 졸망한 주인공이다. 대학을 졸업하고 원하는 직장에 취직되었고, 미래가 밝은 남자 만나 결혼해 아이들 셋씩이나 두었다. 부러울 것이 없었다. 남편도 언론계 쪽에서 잘 나갔고, 자신도 회사에서 인정받을 만큼 받고 있었으므로 행복한 나날의 연속이었다고 해도 과언이 아니다. 이때까지는 격국인 인성+관성의 성향 아래 있었음이다. 그런데 남편이 중소도시로 발령이 나면서 직장을 다닐 수가 없었고 온 가족이 남편 따라 중소도시로 이사를 왔다. 새로 이사 온 곳에서는 직장을 다닐 수는 없었다. 그래서 영어 학원을 운영하면 돈을 벌 수 있을 거라 생각을 했고, 이사 온 지 얼마 지나지 않아 대규모 학원을 개원. 그때 나이가 41세라 한다. 중소도시에 새로운 기법의 어린이 영어 학원을 개원해서 몇 개월간은 운영이 잘 되었다고 한다. 그런데 기고만장했는지 아니면 학원생 부모들을 무시했는지 모르지만, 점차적으로 공부하는 아이들이 줄어들었다고. 시간이 지나자 자체적인 수입으로 운영이 어려워 남편의 월급으로 적자를 메우고 있다고 한다. 남편의 눈치가 보이지만, 학원을 그만두면 살림만 해야 할 텐데 그것은 죽기보다 싫다고. 그래서 울며 겨자 먹기 식으로 운영하고 있다고 한다.

녹현사주방정식

독자 여러분, 자신이 타고난 우주에너지의 비율과 의식·무의식·꿈성향 그리고 심리주기를 알고자 한다면, 사주타임(www.sajutime.com)의 메뉴 중에서 녹현만세력을 클릭하면 생일 입력창이 뜹니다. 자신의 생일을 정확하게 입력하면, 아래와 같은 창이 나와 자신의 심리정보를 정확하게 알 수 있습니다.

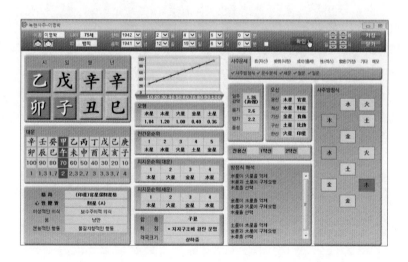

모바일 정보제공 및 무료상담코너

    필자는 더 많은 정보를 제공하기 위해 모바일 앱을 만들었습니다. 운세 앱 [99%]와 자녀들 교육을 위한 [자녀교육] 앱입니다. 모두 무료로 이용할 수 있고, 더 궁금한 것이나 운명에 대한 질문을 무료로 할 수 있도록 사주마인드(www.sajumind.com)란 블로그를 운영하고 있습니다.